PRAYER

할레스비의 기도

KB192086

세계
기독교
고전

55

PRAYER

할레스비의 기도

오 할레스비 | 박문재 옮김

CH북스
크리스천
다이제스트

세계 기독교 고전을 발행하면서

한국에 기독교가 전해진 지 벌써 100년이 넘었습니다. 그동안 수많은 기독교 서적들이 간행되어 한국의 교회와 성도들에게 많은 공헌을 해 왔습니다. 그러나 기독교 역사 100년을 넘어선 우리의 교회와 성도들에게 더 큰 영적 성숙과 진정한 신앙을 심어주기 위해서는 가치있는 기독교 서적들이 많이 나와야 한다고 생각합니다. 그리하여 영혼의 양식이 될 수 있는 훌륭한 기독교 서적들이 모든 성도들의 가정뿐만 아니라 믿지 아니하는 가정에도 흘러 넘쳐야만 합니다.

믿는 성도들은 신앙의 성장과 영적 유익을 위해서 끊임없이 좋은 신앙 서적들을 읽고 명상해야 하며, 친구와 이웃 사람들의 구원을 위하여 신앙 서적 선물하기를 즐기고 읽도록 권해야 할 것입니다. 이것은 하나님의 백성으로서 살기 원하는 사람은 누구나 마땅히 해야 할 의무라고도 하겠습니다.

존 웨슬리는 "성도들이 책을 읽지 않는다면 은총의 사업은 한 세대도 못 가서 사라져 버릴 것이다. 책을 읽는 그리스도인만이 진리를 아는 그리스도인이다"라고 말했습니다. 우리는 이제 한국에서 최초로 세계의 기독교 고전들을 총망라하여 한국의 교회와 성도들에게 소개하고자 합니다. 전세계의 기독교 고전은 모든 기독교인들에게 영원한 보물이며, 신앙의 성숙과 영혼의 구원을 위하여 이보다 더 귀한 것은 없을 것입니다.

이러한 취지로 어언 2천여 년의 세월이 지나는 동안 세계 각국에서 저술된 가장 뛰어난 신앙의 글과 영속적 가치가 있는 위대한 신앙의 글만을 모아서 세계 기독교 고전 전집으로 편찬하고자 합니다.

우리는 이 세계 기독교 고전 전집을 알차고, 품위있게 제작하여 오늘날 한국의 교회와 성도들에게 제공하고 후손들에게도 물려줄 기획을 하고 있습니다. 우리는 다시 한번 다니엘 웹스터가 한 말을 깊이 생각해 보아야 할 것입니다.

"만약 신앙 서적들이 우리 나라 대중들에게 광범위하게 유포되지 않고, 사람들이 신앙적으로 되지 않는다면, 우리나라가 어떤 나라가 될지 걱정스럽다 … 만약 진리가 확산되지 않는다면, 오류가 지배할 것이요, 하나님과 그의 말씀이 전파되고 인정받지 못한다면, 마귀와 그의 궤계가 우세할 것이요, 복음의 서적들이 모든 집에 들어가지 못한다면, 타락하고 음란한 서적들이 거기에 있을 것이요, 우리나라에서 복음의 능력이 나타나지 못한다면, 혼란과 무질서와 부패와 어둠이 끝없이 지배할 것이다."

독자들의 성원과 지도 편달을 바라마지 않습니다.

CH북스
발행인 박명곤

차 례

서문

내가 지금까지 쓴 그 어떤 책보다도 사실 나는 내내 이 책을 가장 쓰고 싶었습니다. 하지만 다른 그 어떤 책보다도 이 책을 쓰는 것이 가장 두려웠습니다. 기도에 대해 말하거나 쓰는 것은 내게는 정말 어려운 일로 보입니다.

나는 이 책을 통해 기도에 낙심하는 영혼들에게 유익을 주기 위해 몇 가지 간단한 법칙들을 제시해 주는 것 이상의 것을 하려는 주제넘은 생각을 갖고 있지 않고, 기도라는 이 위대한 주제를 남김없이 다 다루려고 하는 것은 더더욱 아닙니다.

나의 단 하나의 소원이자 기도는 기도생활을 지배하는 법칙들을 하나도 빼놓지 않은 기도의 복음을 전하는 것이었습니다.

오 할레스비

제1장
기도란 무엇인가?

"볼지어다 내가 문 밖에 서서 두드리노니 누구든지 내 음성을 듣고 문을 열면
내가 그에게로 들어가 그와 더불어 먹고 그는 나와 더불어 먹으리라."

— 요한계시록 3:20.

내가 아는 한 성경 전체를 통틀어서 이 말씀보다 더 기도에 밝은 빛을 비춰 주는 말씀은 없습니다. 내게 이 말씀은 기도의 거룩하고 복된 세계로 들어가는 문을 열어 주는 열쇠 같아 보입니다.

기도한다는 것은 예수님을 우리의 마음속으로 들어오시게 하는 것입니다.

이것이 무엇보다도 먼저 우리에게 가르쳐 주는 것은 우리의 기도는 주 예수님을 움직이는 것이 아니라는 것입니다. 반대로, 예수님이 우리를 움직여서 기도하게 합니다. 예수님이 "두드리십니다." 예수님은 우리의 마음 문을 두드리셔서 자신이 우리 안으로 들어오고 싶어 하신다는 뜻을 우리에게 알게 하십니다. 우리의 기도는 언제나 예수님이 우리의 마음 문을 두드리시는 결과입니다.

이것은 옛 선지자들이 전해 준 말씀에 새로운 빛을 비춰 줍니다: "그들이 부르기 전에 내가 응답하겠고 그들이 말을 마치기 전에 내가 들을 것이며"(사 65:24). 정말 그렇습니다. 은혜가 풍성하신 주님은 우리가 부르기 전에 그가 우리에게 어떤 선물을 베풀어 주기로 이미 작정하셨는지를 우리에게 먼저 알려 주십니다. 그리고 우리를 움직이셔서 우리로 하여금 기도를 통해 우리 자신의 마음 문을 열고서 그가 우리를 위해 이미 마련해 놓은 선물을 받아 가라고 우리의 마음 문을 두드리십니다.

까마득히 먼 옛날부터 기도는 영혼의 호흡이라 불려 왔습니다. 그리고 그것은 정말 탁월한 비유입니다.

우리의 몸이 필요로 하는 공기는 우리 주위를 사방으로 감싸고 있습니다. 이 공기는 본질상 우리 몸으로 들어오려고 하는 성향을 지니고 있어서 우리에게 압박을 가합니다. 그래서 숨을 멈추고 있는 것이 숨을 쉬고 있는 것보다 더 어렵다는 것은 잘 알려져 있는 사실입니다. 우리가 단지 우리의 호흡 기관을 작동하기만 하면, 그 즉시 공기는 우리의 폐 속으로 들어와서 몸 전체에 생명을 전달해 주는 기능을 수행합니다.

마찬가지로, 우리의 영혼이 필요로 하는 공기도 우리 전체를 내내 사방으로 감싸고 있습니다. 하나님은 그리스도 안에서 자신의 차고 넘치는 각양 은혜로 우리를 사방으로 감싸고 있습니다. 우리가 해야 할 일은 우리의 마음 문을 여는 것이 전부입니다.

기도는 영혼의 호흡입니다. 우리는 영혼이라는 기관을 통해서 우리의 메마르고 시든 심령 속으로 그리스도를 받아들입니다.

예수님은 "누구든지 문을 열면 내가 그에게로 들어가겠다"고 말씀하십니다.

이 말씀 속에 사용된 단어들을 하나하나 주의 깊게 주목해 보십시오. 예수님을 우리의 마음속으로 이끌어들이는 것은 우리의 기도가 아닙니다. 또한, 예수님을 움직여서 우리의 심령 속으로 들어오시게 하는 것도 우리의 기도가 아닙니다.

예수님이 우리에게 들어오시는 데 필요한 모든 것은 우리가 우리의 마음 문을 여는 것뿐입니다. 우리가 그렇게만 하면, 예수님은 우리 안으로 들어오고 싶어 하시기 때문에 스스로 들어오십니다. 예수님이 들어오시지 못하도록 마음 문을 닫아걸지 않고 열어 놓기만 하면, 예수님은 그가 누구이든 그에게로 들어가십니다.

우리가 숨을 쉬는 동안에 공기가 조용히 우리의 폐 속으로 들어와서 자신이 늘 하던 일을 하는 것처럼, 예수님은 우리의 마음속으로 조용히 들어오셔서 거기에서 자신의 복된 역사를 행하십니다.

예수님은 그것을 "우리와 더불어 먹는" 것이라고 부르십니다.

성경의 언어에서 함께 식사한다는 것은 친밀한 기쁨의 교제를 상징합니다. 이것은 기도의 본질에 대해 새로운 통찰을 제공해 줍니다. 즉, 하나님이 기도를 하나님과 사람 간의 친밀한 기쁨의 교제를 위한 수단으로 계획하셨다는 것을 보여 줍니다.

하나님이 우리에 기도하라고 하신 것이 얼마나 큰 은혜 속에서 계획된 것인지를 유념하십시오.

기도한다는 것은 예수님을 우리가 처해 있는 곤경들 속으로 모셔들여서 개입하실 수 있게 해 드리는 것입니다. 기도한다는 것은 예수님이 곤경 가운데 있는 우리에게 자신의 능력으로 역사하셔서 우리의 곤경을 덜어 주시도록 허용하는 것입니다. 기도한다는 것은 예수님이 우리의 곤경의 한복판에서 자신의 이름을 영화롭게 하실 수 있도록 그 자리를 내어드리는 것입니다.

그래서 기도의 결과는 기도하는 사람의 능력에 달려 있지 않습니다. 기도하는 사람이 자기가 무엇을 기도하고 있는지를 분명하게 인식하고서 뜨거운 열정과 강한 의지로 기도하기 때문에, 주님이 그의 기도를 들으시고 응답하시는 것이 아닙니다. 아니, 기도의 결과가 그런 것들에 달려 있지 않다는 것에 대해서 하나님을 찬송하십시오!

기도한다는 것은 우리의 마음 문을 열어서, 예수님이 우리의 곤경들 속으로 다가오셔서 자신의 능력으로 역사하여 그 곤경들을 처리하실 수 있게 해 드리는 것 이외의 다른 것이 아닙니다.

우리에게 기도의 특권을 주신 주님은 우리를 너무나 잘 알고 계십니다. 우리의 체질을 아시고, 우리가 티끌에 지나지 않는 존재인 것도 기억하고 계십니다.

주님이 기도를 계획하시고 기도의 특권을 우리에게 주신 이유는 아무리 힘이 없는 자라도 기도는 할 수 있기 때문입니다. 기도한다는 것은 예수님에게 마음 문을 열어 드리는 것인데, 그것은 그 어떤 힘도 요구하지 않습니다. 그것은 단지 의지의 문제일 뿐입니다. 당신은 예수님이 우리의 곤경들에 다가오셔서 개입하시는 것을 허락하시겠습니까? 이것이 기도와 관련해서 유일하게 중요하고 근본적인 문제입니다.

이스라엘 백성들이 광야에서 하나님을 거슬러 범죄하였을 때, 하나님은 아주 사나운 불뱀들을 그들 가운데 보내셨습니다. 곤경에 처한 백성들은 그들 자신을 낮추고서 하나님께 긍휼을 베풀어 주시라고 부르짖었습니다. 그러자 하나님은 자신의 반역한 백성들에게 긍휼을 베풀어 주셨지만, 그들 가운데 있는 사나운 불뱀들을 제거해 주신 것이 아니었습니다. 하나님이 하신 것은 모세에게 명령하셔서 이스라엘 백성들의 진영의 한복판에 놋뱀을 높이 세우고 모든 사람들로 하여금 그 놋뱀을 쳐다보게 하신 것이었는데, 이것은 그들이 하나님의 긍휼을 입을 수 있는 방편을 마련해 주신 것이었습니다. 그래서 불뱀에게 물린 자들은 오직 놋뱀을 쳐다보기만 하면 그들에게 능력이 임하여 불뱀에게 물렸을 때에 그들의 몸 속으로 들어간 치명적인 독으로부터 치유를 받을 수 있었습니다.

하나님이 그렇게 정하신 것은 정말 은혜로 차고 넘치는 것이었습니다. 왜냐하면 단지 놋뱀을 쳐다보고자 하는 의지를 가진 자들이라면 누구나 다 구원을 받을 수 있게 하신 것이었기 때문입니다.

만일 하나님이 불뱀에 물린 자들이 이스라엘 진영의 한복판에 높이 들린 놋뱀이 있는 곳까지 직접 자신들의 몸을 이끌고 나와서 그 놋뱀을 만져야만 목숨을 건질 수 있도록 정하셨더라면, 그들이 채 몇 발자국 걷지도 못해서 불뱀의 독이 그들의 몸에 거의 즉시 퍼져서 죽고 말았을 것이기 때문에, 그들 중 대다수는 결코 구원을 받을 수 없었을 것입니다. 하지만 하나님은 그렇게 정하지 않으셨습니다. 그들이 해야 했던 것은 단지 고개를 돌려서 놋뱀을 쳐다보는 것이 전부였고, 그렇게 했을 때에 그들은 그 즉시 고침을 받았습니다!

마찬가지로, 긍휼에 풍성하신 주님은 뱀에 물린 새 언약의 이스라엘 백성들도 그 동일한 방식으로 구원을 얻을 수 있도록 정하셨습니다: "모세가 광야에서 뱀을 든 것 같이 인자도 들려야 하리니 이는 그를 믿는 자마다 영생을 얻게 하려 하심이니라"(요 3:14-15).

우리가 육신적으로나 영적으로나 그 어떤 곤경에 처해 있을지라도, 우리에게 필요한 것은 오직 저 치유의 능력을 지니시고서 언제나 우리 곁에 계시는 주님을 바라보는 것뿐입니다. 우리가 그렇게 하는 순간, 주님은 그 즉시 우리 안에 있는 죄의 치명적인 독과 그 독이 우리의 몸과 영혼에 만들어낸 끔찍한 결과들을 제거해 주십니다.

기도한다는 것은 우리의 마음의 눈을 들어 우리의 마음 문 앞에 서서 두드리시는 구주, 우리의 곤경 그 자체를 통해서 우리의 마음 문을 두드리시는 구주를 바라보고 그 마음 문을 열어서, 우리의 구주로 하여금 우리의 곤경 속으로 들어오셔서 우리와 함께 먹고 그의 이름을 영화롭게 하실 수 있도록 해 드리는 것 이외의 다른 것이 아닙니다.

결핵을 앓는 환자들을 생각해 보십시오.

의사들은 여름이든 겨울이든 그들을 햇빛과 신선한 공기를 쐴 수 있게 둡니다. 그들은 거기에 누워 있기만 하면, 햇살에 의해서 점차 고침을 받게 됩니다. 이 환자들의 회복은 그들의 생각이나 이해에 달려 있지 않습니다. 즉, 그들이 햇살들의 효과를 이해하고, 그 햇살들이 어떤 식으로 작용해서 병을 낫게 하는지를 이해한다고 해서, 그것이 그들을 낫게 하는 것은 아닙니다.

또한, 그들의 회복은 그렇게 치유되는 동안 그들이 경험하는 감정에 달려 있는 것도 아니고, 건강해지고자 하는 그들의 의지에 달려 있는 것도 아닙니다.

오히려 정반대로 그 환자들이 자신들의 지성이나 의지를 발휘하지 않고 수동적으로 아주 조용히 누워 있을 때에 가장 성공적인 치료가 이루어집니다. 그들의 병을 치유하는 것은 해이기 때문에, 환자들이 해야 할 일은 오직 해 아래 있는 것뿐입니다.

마찬가지로, 기도하는 것도 아주 단순합니다. 우리는 모두 죄라는 치명적인 바이러스에 감염되어 있습니다. 우리 각 사람은 죽음을 맞을 수밖에 없는 결핵 환자입니다! 그러나 "의의 태양이 떠올라서 치료하는 광선을 발하고 있습니다." 우리가 현세에서와 영원히 고침받고자 한다면, 우리에게 요구되는 모든 것은 "의의 아들"이 우리에게 다다르게 한 후에 그분의 "의의 광선"에 거하는 것입니다.

기도한다는 것은 그분의 은혜의 햇빛 안에 누워서, 죄라는 박테리아를 기이한 방식으로 박멸하고 무력화시킬 수 있는 저 치료하는 광선들에 우리의 몸과 영혼의 곤경들을 노출시키는 것 이외에 다른 것이 아닙니다. 기도의 사람이 된다는 것은 이러한 햇빛에 의한 치유를 받는 것, 즉 예수님이 밤이든 낮이든 그의 이적을 일으키는 능력으로 우리의 곤경으로 다가오실 수 있게 해 드리는 것입니다.

그리스도인이 되었다는 것은 사실 이 태양 안에 한 자리를 얻었다는 것입니다!

주님께서 기도가 얼마나 단순한지를 보여 주신 또 다른 예를 들어 보겠습니다.

마가복음 2장에 나오는 중풍병자에게는 아주 좋은 친구들이 있었습니다. 그들은 예수님이 그를 고쳐 주실 수 있을 것임을 알았기 때문에, 예수님이 계신 집으로 그를 메고 갔습니다. 하지만 사람들이 너무 많아서 집 안으로 들어갈 수가 없었습니다. 그래서 그들은 거기에서 물러서지 않고, 병자를 그 집의 지붕으로 들어올린 후에 지붕에 구멍을 뚫고서 예수님의 발 앞에 그를 내려놓았습니다.

이 선한 친구들은 예수님의 입에서 권세 있는 말씀이 나와서 그들의 병든 친구가 즉시 고침받을 수 있게 될 것임을 의심하지 않고 거기에 서서 기다렸습니다. 그러나 이상하게도 그런 말씀은 예수님의 입에서 나오지 않았고, 그 대신에 그들은 "작은 자야 네 죄 사함을 받았느니라"는 예수님의 권세 있는 말씀을 들었습니다.

예수님에게는 더 큰 소리로 부르짖는 또 다른 기도가 들려 왔던 것입니다. 그것은 자신의 죄를 사하여 달라는 이 중풍병자의 기도였습니다. 하지만 이 중풍병자는 예수님을 향하여 단 한 마디도 말하지 않았습니다. 그는 단지 자신의 침상에 조용히 누워 있었습니다. 그는 거기에 누워서 예수님을 바라보고 있었습니다. 다만 예수님을 바라보고만 있었습니다.

예수님은 이 중풍병자의 심령에서 들려오는 죄를 사해 달라는 말 없는 기도를 들으셨고, 그 기도에 먼저 응답하셨습니다. 그런 후에, 다른 기도에도 응답하셔서, 이 중풍병자를 육신적으로도 건강하게 회복시켜 주셨습니다.

이것은 우리가 기도의 비밀을 좀 더 깊이 들여다보는 데 도움을 줍니다.

기도는 말보다 더 깊은 그 무엇입니다. 기도는 말로 표현되기 전에 이미 영혼 속에 존재합니다. 그리고 기도의 마지막 말이 우리의 입술을 통과하고 난 후에도 영혼 속에 남아 있습니다.

기도는 우리 심령의 태도이고 마음의 태도입니다. 기도는 하나님을 향한 우리 심령의 명확한 태도이고, 하늘에 계신 하나님은 우리 심령의 그런 태도를 그의 마음에 호소하는 기도로 즉시 받아들이십니다. 기도가 말이라는 형태로 표현되든 안 되든, 그런 것은 오직 우리에게만 의미가 있을 뿐이고 하나님께는 전혀 차이가 없습니다.

이 영적 상태는 무엇입니까? 하나님이 기도로 받아들이시는 저 심령의 태도는 무엇입니까? 나는 두 가지를 말씀드리고자 합니다.

1. 무력감

이것이 기도하는 심령의 가장 확실한 첫 번째 표지라는 것은 의심의 여지가 없습니다. 내가 아는 한, 기도는 오직 자기가 무력하다고 느끼는 사람들을 위해 하나님이 마련해 놓으신 것입니다. 기도는 자신이 무력하다고 느끼는 자들의 마지막 의지처입니다. 정말 최후의 출구입니다. 우리는 모든 것을 다 시도해 보고 나서 마지막에 가서야 기도에 의지합니다.

이것은 우리가 회심하기 이전에만 해당되는 것이 아닙니다. 그리스도인으로 살아가는 동안에도 우리는 늘 마지막에 가서야 기도에 의지합니다. 물론, 나는 우리가 무력함을 느끼고서 그런 절박함을 추진력으로 삼아 기도하는 것이 아니라, 평소에 여유 있는 마음으로 사적으로나 공적으로나 많은 아름다운 기도들을 하나님께 드리고 있다는 것을 아주 잘 압니다. 그러나 나는 그런 것들을 기도라고 해야 하는지에 대해서 전혀 확신이 없습니다.

기도와 자신의 무력함을 느끼는 것은 떼려야 뗄 수 없습니다. 오직 자신의 무력함을 느끼는 사람만이 진정으로 기도할 수 있습니다.

당신이 당신의 삶 속에서 무력함을 느끼고서 어떻게 해야 좋을지를 모르는 경우가 비일비재하다면, 잘 들어 보십시오. 당신은 어떤 때에는 어떻게 기도해야 하는지조차 알지 못합니다. 당신의 마음은 죄와 더러움으로 가득해 보입니다. 당신의 마음은 성경이 "세상"이라고 부르는 것들로 가득 차 있습니다. 하나님이나 영원하고 거룩한 것들은 당신에게는 너무나 멀고 낯설어서, 그런 마음의 상태로 하나님께 가까이 다가가고자 하는 것 자체가 죄에 죄를 더하는 것처럼 느껴집니다. 당신은 종종 당신 자신에게 이렇게 반문할 수밖에 없습니다: "나는 나의 냉랭한 마음과 세상적인 삶으로부터 해방되기를 진정으로 원하는 것인가? 그리스도인인 내가 이처럼 항상 냉랭하고 두 마음을 품은 삶을 살아가는 것은 내 마음 깊은 곳에서 그런 식으로 살아가는 것을 원하기 때문이 아닌가?"

이렇게 정직한 영혼은 자신의 정직하지 못한 존재와 갈등을 빚습니다. 그는 자기가 너무나 무력하다고 느끼기 때문에, 그의 기도는 그의 입술에서 얼어붙어 버립니다.

친구여, 잘 들으십시오! 당신이 무력함을 느끼는 것 자체가 바로 당신의 최고의 기도입니다. 당신의 마음에서 느끼는 무력감은 당신이 말로 드리는 모든 호소보다도 더 효과적으로 하나님의 마음에 전달됩니다. 당신이 무력감에 사로잡혀 있는 바로 그 순간에, 하나님은 즉시 당신의 무력감이 하나님께 드리는 기도를 들으시고 적극적으로 개입하셔서 응답하십니다. 주님은 저 옛적에 중풍병자가 침상에 누워 자신의 무력함을 느끼고 말없이 주님을 바라보며 드린 기도를 들으시고 응답하셨듯이, 오늘날에도 그렇게 들으시고 응답하십니다.

당신이 어머니라면, 이런 형태의 기도를 아주 잘 이해할 것입니다. 갓난아기는 자기가 원하는 것을 말로 표현할 수 없지만, 자기가 알고 있는 최선의 방식으로 자신의 뜻을 어머니에게 전달합니다. 그가 할 수 있는 것은 우는 것밖에 없지만, 당신은 그가 무엇을 원하는지를 아주 잘 이해합니다.

아니, 갓난아기는 자신의 뜻을 전달하기 위해 울 필요조차 없습니다. 갓난아기가 자신의 무력함을 느끼고서 전적으로 어머니를 의지하는 모습이 어머니의 마음에 닿는 순간, 그 갓난아기의 무언의 기도는 가장 큰 소리로 부르짖는 그 어떤 기도보다도 더 강력하게 전달됩니다.

하늘과 땅에 있는 어머니라 불리는 모든 사람들과 갓난아기라 불리는 모든 사람들의 "아버지"이신 하나님은 바로 그 동일한 방식으로 우리를 대하십니다. 우리 자신이 무력하다고 느끼는 우리 심령의 호소는 하늘에 계신 아버지의 마음에 지속적으로 계속해서 기도로 전달됩니다. "아버지"의 마음은 우리의 그런 기도를 유심히 들으시고 우리의 필요들을 해결해 주시려는 생각으로 늘 가득 차 있습니다. 비록 우리가 늘 그렇듯이 하나님께 감사하는 말을 하기는커녕 눈치 채지조차 못할지라도, 하나님은 그렇게 하기 위해 밤낮으로 일하십니다.

당신이 어머니라면 누구보다도 더 잘 이것을 이해할 것입니다. 갓난아기는 어머니가 자기를 위해 무엇을 하고 있고 어떤 희생과 수고를 감내하고 있는지를 알지 못할지라도, 어머니는 밤낮으로 갓난아기를 보살핍니다. 갓난아기는 어머니에게 감사하기는커녕 도리어 자주 어머니의 속을 태우고 애를 먹입니다. 하지만 어머니는 그런 것을 개의치 않고, 갓난아기가 자신의 힘으로는 아무것도 할 수 없어서 계속해서 어머니의 마음에 보내는 기도를 끊임없이 듣고 응답합니다.

하나님도 똑같습니다.

다만 어머니가 인간적인 사랑으로 불완전하게 행할 수밖에 없는 것들을 하나님은 완전하게 행하신다는 점만이 다를 뿐입니다. 진실한 어머니가 자기 자녀들을 돌보는 일에 자신의 삶을 헌신하듯이, 영원하신 하나님은 자신의 무한하신 긍휼 가운데서 자신의 연약하고 허물 많은 자녀들을 돌보는 일에 늘 헌신해 오셨습니다.

하나님은 우리 모두를 그런 식으로 대하십니다.

당신이 아직 회심하지 않은 사람이라면, 이것은 당신에게도 마찬가지입니다. 아마도 십중팔구 당신은 하나님이 당신을 사랑하지 않을 것이라고 생각하고 있을 것입니다. 때로는 하나님이 당신에게 전혀 관심이 없고 눈길조차 주지 않고 있을 것이라고 생각하기도 하고, 때로는 하나님이 당신에게 복수하고 응징하기 위해 당신을 추적해서 당신의 계획들을 와해시키고 당신의 행복을 좌절시키려고 하는 것처럼 느끼기도 할 것입니다.

잘 들으십시오. 내가 당신에게 하나님이 어떤 분이신지를 말해 줄 것입니다: "하나님이 그 해를 악인과 선인에게 비추시며 비를 의로운 자와 불의한 자에게 내려주심이라"(마 5:45). 그리스도께서는 자신의 마지막 힘과 마지막 순간들을 자신의 원수들을 위해 기도하시는 데 사용하셨습니다: "아버지 저들을 사하여 주옵소서 자기들이 하는 것을 알지 못함이니이다"(눅 23:34). 예수님은 이 땅에서 마지막으로 예루살렘으로 돌아오셔서 이 불경건하고 반역하는 도성을 구원할 더 이상의 수단이 없는 것을 아시고서는 감람산 위에 서서 도성을 위해 우셨습니다. 예수님은 장차 이 도성에 무시무시한 파국이 임하리라는 것과 이 도성이 그 파국을 피할 길이 없다는 것을 예언의 눈으로 보셨기 때문이었습니다.

하나님은 그런 분입니다. 하나님은 자신의 원수들까지 사랑하십니다. 불경건한 자들이 시간의 물줄기에 의해 저항도 하지 못하고 꼼짝없이 지옥의 영원한 고통을 향해 휩쓸려 내려가면서 곤경 속에서 무력함을 느끼고 부르짖는 무언의 기도는 하나님의 마음에 도달해서, 하나님은 그들의 곤경과 헛된 기쁨과 진정한 슬픔과 절망과 환난과 염려를 보시며 그들의 부르짖음을 들으시고서는, 무력하기 짝이 없는 인생들을 도우시기 위하여 그들을 굽어보십니다.

회심하지 않은 사람들은 현세적인 것들과 관련해서 하나님의 도우심을 받습니다. 그러나 하나님이 그들을 영적으로 도우시고자 하자마자, 이 무력한 사람들은 흔히 큰 두려움을 느끼고 대경실색해서 하나님에게 등을 돌리고 달아나 버립니다. 회심하기를 거부하는 것입니다!

기도는 자기가 무력하다는 것을 아는 사람들을 위한 것입니다.

하나님으로부터 이제 더 이상 도망하지 않는 죄인을 보십시오. 그는 하늘의 빛 안에 서 있습니다. 그에게는 점차 그의 이전의 죄들과 그의 마음의 더러움의 무한한 깊이, 그의 회개하고자 하지 않는 냉정함, 하나님을 향한 그의 무관심과 반역, 성경과 기도에 대한 그의 반감, 죄를 향한 그의 약한 의지의 영속적인 욕망이 보이기 시작합니다.

그는 지금 무엇을 하고 있습니까?

그는 다른 사람들과 마찬가지로 자신의 곤경 속에서 하나님을 향해 부르짖습니다. 점점 더 간절하게, 그리고 점점 더 자주, 그리고 점점 더 주기적으로 부르짖습니다. 그러나 하나님으로부터 응답을 받지는 못합니다. 그는 자기가 버림받았다고 느끼고, 광분하는 파도에 휩쓸려 뒤집어진 배의 한 귀퉁이를 붙잡고 망망대해를 표류하는 사람 같다고 느껴서, 온 힘을 다해 부르짖습니다. 그의 부르짖음을 들을 수 있는 사람은 아무도 없지만, 그는 그 부르짖음을 멈출 수 없습니다.

그 때에 자신의 무력함 속에서 의지할 데 없다고 느끼는 이 영혼은 스스로 이렇게 자문합니다: "내가 바르게 제대로 기도하지 않아서, 하나님이 내 기도에 응답하지 않으시는 것인가? 내가 드리는 기도가 정말 기도이기는 한 것일까? 내 기도는 단지 공허한 말들에 지나지 않는 것은 아닐까? 과연 내 기도가 지붕보다 더 높이 하늘로 올라가고 있는 것이기는 한 것인가? 내가 더 큰 거룩한 열심과 더 결연한 의지로 기도하지 않는다면, 내 기도는 하나님이 들으실 수 있는 기도가 되지 못하는 것은 아닐까?"

무력감을 느끼고 의지할 데 없어 방황하는 나의 친구여, 당신의 그런 무력함이 하늘로 올라가서 자애로우신 아버지이신 하나님의 마음에 닿는 가장 강력한 간구라는 것을 알아야 합니다. 하나님은 당신이 곤경 속에서 정직하게 하나님께 부르짖은 바로 그 처음 순간부터 당신의 기도를 들어 오셨습니다. 하나님은 자신의 무력함을 아는 인생들이 자신들의 곤경 속에서 하나님을 바라보며 무언의 부르짖는 기도를 하고 있지는 않는지를 확인하시기 위해서 밤낮으로 땅을 향해 자신의 귀를 기울이고 계시는 분이시기 때문입니다.

다시 한 번 잘 들으십시오. 당신의 기도가 하나님을 움직여서 당신을 구원하시도록 하는 것이 아닙니다. 반대로, 당신의 기도는 예수님이 당신의 마음 문을 계속해서 두드리시면서 당신의 곤경들로 다가가 당신을 거기에서 건지기를 원한다고 말씀하고 계시는 결과입니다. 당신은 자신이 기도할 수 없다는 이유로 모든 것이 당신에게 닫혀 있다고 생각합니다. 친구여, 당신이 무력하다는 것 바로 그것이 기도의 본질입니다.

기도한다는 것은 예수님에게 당신의 마음 문을 열어 드려서 예수님이 당신의 곤경으로 다가오실 수 있게 해 드리는 것인데, 당신이 자신의 무력함을 알고 있는 것이야말로 예수님에게 마음 문을 활짝 열어서 예수님으로 하여금 당신의 모든 곤경들 속으로 찾아오시게 하는 비법입니다.

당신은 곤혹스러워하며 이렇게 물을 것입니다: "그렇다면 왜 예수님은 내게 응답하지 않으시는 것인가요?"

예수님은 당신의 기도에 이미 응답하셨습니다.

예수님은 당신이 당신의 무력함을 깨닫고 고백하는 순간 열리게 된 당신의 마음 문을 통해 이미 당신의 삶 속에 들어와 계십니다. 그는 이미 당신의 심령 속에 거하고 계시고, 당신 안에서 선한 역사를 행하고 계십니다.

하지만 아직 당신은 예수님이 당신에게 이미 응답하셨다는 것을 진정으로 깨닫지 못하고 있습니다. 그러나 그 점에서는 당신은 우리 중에서 기도하는 다른 모든 사람들과 똑같습니다. 우리는 기도하고, 우리의 기도는 응답을 받습니다. 그러나 우리는 흔히 우리의 기도가 응답받았다는 사실을 즉시 알지 못하고, 오랜 시간이 지난 후에야 비로소 깨닫습니다.

당신은 당신 자신이 생각하는 방식대로 하나님으로부터 응답을 받을 것이라고 생각했고, 당신이 기도 응답을 받았을 때에는 당신의 영혼에 평안이나 확신이나 기쁨이 주어질 것이라고 생각했습니다. 그래서 당신은 자신이 생각한 방식대로 또는 자신이 기대한 것들을 받지 않은 경우에는, 하나님이 당신의 기도에 응답하지 않으셨다고 생각합니다. 하지만 예수님이 우리에게 말씀하시거나 우리 안에서 이루시는 것들 중에서 다수는 우리가 당시에는 깨닫지 못하는 것들입니다. 그래서 우리는 참지를 못하고서, 예수님이 우리의 기도에 응답하여 말씀하시거나 행하신 것과는 다른 방식으로 또는 다른 것들을 우리에게 말씀하시거나 행하실 것을 요구하고 고집합니다. 예수님이 제자들의 발을 씻어 주셨을 때(요 13:1-10) 베드로가 그랬습니다. 그러나 우리가 참지 못한다고 해서, 예수님이 우리의 요구를 들어주시는 것이 아닙니다. 그는 조용히 이렇게 말씀하십니다: "내가 하는 것을 네가 지금은 알지 못하나 이 후에는 알리라"(요 13:7).

당신의 무력함 때문에 걱정하거나 염려하지 마십시오. 그리고 무엇보다도 그런 염려나 걱정 때문에 기도하는 것을 멈추지 마십시오. 당신이 무력하다는 것을 아는 것은 기도의 진정한 비밀이고 추진력입니다. 그러므로 당신은 하나님이 당신에게 무력감을 주신 것에 대해 하나님께 감사하려고 하는 것이 마땅합니다. 무력감은 하나님이 우리에게 주실 수 있는 가장 큰 선물들 중의 하나입니다. 왜냐하면, 우리가 무력하다는 것을 알고 고백할 때에만, 우리는 예수님에게 우리의 마음 문을 열어 드릴 수 있고, 그렇게 해서 우리의 마음속으로 들어오신 예수님이 자신의 은혜와 긍휼을 따라 곤경에 처해 있는 우리를 도우실 수 있으시기 때문입니다.

많은 것들에서 여기 이 땅에서 보는 것과 하늘의 관점에서 보는 것은 서로 다릅니다. 나는 우리의 기도도 위에서 볼 때에는 우리 자신이 보는 것과 다르게 보일 것이라고 생각합니다.

기도 모임에서 사람들이 돌아가면서 기도하는 경우를 예로 들어 봅시다. 거기에서 가장 먼저 기도하는 사람들은 다른 사람들 앞에서 큰 소리로 기도하는 데 익숙한 사람들입니다. 그들은 기도를 잘하고, 그들의 기도는 사람들에게 은혜를 끼치고 사람들의 덕을 세웁니다. 그들이 아멘으로 기도를 마치면, 모든 사람이 속으로 좋은 기도였다고 생각하고 그들의 기도를 인정해 주는 분위기가 됩니다. 반면에, 기도 모임에는 목소리를 높여서 크게 소리 내어 기도하고 싶은 마음이 간절하고, 다른 누구보다도 더 자기는 그런 기도를 할 필요가 있다고 느끼면서도, 그런 기도를 하는 데 익숙하지 않아서, 실제로 시도해 보았어도 별로 신통치 않은 결과만 경험했던 또 한 사람의 믿는 영혼이 있을 수 있습니다. 그는 용기를 내어 소리 내어 기도해 보지만, 생각은 뚝뚝 끊기고 아득해져서 갈피를 잡을 수가 없고, 거기에 따라 입에서 나오는 말들도 더듬거나 중단되고 종잡을 수 없게 됩니다. 마침내 그는 너무나 당황한 나머지 아멘으로 기도를 끝내는 것조차 잊어버리고 맙니다. 기도 모임이 끝나고 나면, 그는 자기가 엉망으로 기도했다는 생각에

망신이라고 여겨서 속상하고 심사가 불편하여 의기소침해져서 다른 사람들의 얼굴을 쳐다볼 엄두조차 내지 못합니다.

그러나 영광 중에 있는 성도들은 그 사람이 자신의 무력함을 알고 어떻게 기도할지를 몰라 횡설수설하며 하나님께 드린 기도를 듣고서는 기뻐하고 즐거워하며 이미 그 기도에 새 노래의 찬송으로 화답했다는 것을 나는 압니다. 그런 기도들이 하늘에 감동을 안겨줍니다.

기도에서 자신의 무력함을 아는 것에 대해서 한 마디만 더 하겠습니다.

그것은 다양한 방식으로 경험될 수 있습니다. 특히 그것은 우리의 정서적인 삶에 아주 다양한 효과들을 초래합니다. 우리는 그리스도인으로서의 삶을 시작한 초기에 우리의 무력함을 절실하게 느끼는 것이 보통인데, 그때에 그것은 우리의 정서적인 삶에 아주 깊은 영향을 끼칩니다.

하나님이 우리의 자만이나 자부심, 우리가 우리 자신의 힘으로 무엇을 할 수 있다는 자신감을 부수셔서 우리의 심령을 낮추시고 통회하게 하실 때 (사 57:15), 우리의 정서적 삶이 아주 심하게 요동하게 될 것임은 의심의 여지가 없습니다. 우리가 그렇게 요동하게 되는 것은 그것이 아주 새롭고 낯설어서라기보다는 주로 그런 일이 도무지 잘 이해가 되지 않기 때문입니다.

하나님은 바로 그런 분이고, 우리가 온전히 이해할 수 없는 분입니다. 하나님은 지극히 크셔서, 그가 지으신 피조물들은 그를 온전히 이해하는 것이 불가능합니다. 하나님을 만난 사람들은 한결같이 하나님을 온전히 이해할 수 없다는 것을 발견합니다.

앞에서 이미 언급했듯이, 죄의 잠에서 깨어난 사람들이 하나님이 행하시는 길들 중 다수가 우리로서는 이해할 수 없는 것임을 깨닫는 데는 그리

오랜 시간이 걸리지 않습니다. "왜 나는 평안과 확신과 기쁨을 받지 못하는 것인가? 나는 이 곤경을 이제 더 이상 감당할 수 없는데도, 왜 하나님은 나를 이 곤경에서 꺼내 주시지 않으시는 것인가? 내가 이렇게 간절하게 구원받기를 원하는데도, 왜 하나님은 나를 영원한 파멸 속으로 가라앉게 하시는 것인가? 내 영혼이 곤경 속에서 이렇게 괴로워하며 부르짖는데도, 왜 하나님은 단 한 마디도 응답해 주지 않으시는 것인가?"

우리가 겪는 고난과 환난의 이유나 목적을 알기만 하면, 우리는 아주 많은 일들을 고요한 마음으로 침착하게 감내할 수 있습니다. 다른 무엇보다도 우리를 초조하고 견딜 수 없게 하며 반항하게 만드는 것은 우리가 당하는 고난이나 환난의 이유와 목적을 알 수가 없다는 것이고, 그래서 무의미하게 보인다는 것입니다. 이런 이유로 우리에게는 하나님의 뜻을 헤아릴 수 없다는 것이 하나님의 그 어떤 측면보다도 더 우리를 실족하게 만드는 걸림돌로 작용합니다. 그것은 우리에게 예수님의 저 통렬한 말씀을 일깨워 줍니다: "누구든지 나로 말미암아 실족하지 아니하는 자는 복이 있도다"(마 11:6).

그런데 바로 그런 이유로 하나님의 뜻을 헤아릴 수 없다는 것이 하나님의 그 어떤 측면보다도 더 우리의 자만과 자부심, 그리고 스스로의 힘으로 할 수 있다는 자신감을 더 신속하게 무너뜨려 줍니다. 처음으로 우리는 어떻게 해야 할 줄을 모르는 처지에 놓이게 됩니다. 우리의 이전의 삶으로 돌아갈 수도 없고, 하나님께로 나아가는 길을 발견해서 앞으로 나아갈 수도 없습니다. 우리는 하나님의 길을 발견할 수 없어서 진퇴양난에 처해 있지만, 하나님께 굴복하는 법은 아직 배우지를 못했습니다. 그 결과 우리의 전 존재는 반항의 상태에 놓이게 됩니다. 우리가 이해할 수 없고 헤아릴 수 없는 것은 언제나 우리의 온 마음과 몸을 마비시키고 경직시키는 두려움으로 우리를 가득 채웁니다.

하나님이나 자신의 양심으로부터 도망가지 않고 이 두려움을 그대로 감내하면서 도무지 헤아릴 길 없는 하나님의 임재 앞에 계속해서 머물러 있는 사람은 누구든지 이적을 경험하게 되는데, 그 이적은 하나님이 그의 자만과 자부심, 그리고 그의 자신감을 무너뜨리시는 것을 보게 되는 것입니다. 스스로의 힘으로는 아무것도 할 수 없는 무력한 영혼은 어떻게 된 영문인지도 모른 채 이해할 수도 없고 헤아릴 수도 없는 하나님과의 교제 속으로 이끌립니다. 하나님은 친히 그리스도 안에서 그에게 능력으로 역사하셔서, 그가 도무지 알 수 없고 헤아릴 수 없는 하나님 아래에서 스스로를 낮추고 그 상태를 감내하면서, 여전히 하나님의 길을 온전히 이해할 수 없는데도 바로 그 하나님을 의지하고 그 하나님 안에서 안식하게 만듭니다.

이렇게 해서 저 죄인의 삶에서 결정적으로 중요한 일이 일어났습니다.

그는 알 수 없고 헤아릴 수 없는 하나님을 있는 그대로 받아들이게 되었을 뿐만 아니라, 자기가 스스로의 힘으로 아무것도 할 수 없다는 것, 즉 자신의 무력함도 있는 그대로 인정하고 받아들이게 되었습니다. 이 두 가지 사실은 이제까지는 내내 그의 전 존재를 반항과 불안의 상태로 몰아갔지만, 이제 그는 무력함이야말로 죄인이 하나님께 드리는 가장 합당한 기도라는 사실을 경험하게 된 것입니다.

그는 이제 갓난아기는 무력하지만 어머니 옆에 있을 때에는 무력하지 않은 것과 마찬가지로 자신도 스스로는 무력하지만 하나님이 옆에 계실 때에는 결코 무력하지 않다는 것을 머리로 생각해서가 아니라 확실한 경험을 통해 알게 되었습니다. 여전히 그는 모든 면에서 무력합니다. 죄 사함, 죄를 이기는 것, 그의 심령 안에서의 새 생명의 삶, 은혜 안에서 자라가는 것, 일상의 삶 속에서 하나님과 사람에게 신실하게 행하는 것 — 이 모든 일에서 그는 여전히 무력합니다.

그의 무력함은 이제 그의 기도생활에서 새로운 요소가 됩니다.

전에는 그의 무력함은 그의 기도생활에서 폭풍의 눈이 되어서, 그로 하여금 자신의 그런 상태가 너무나 힘들고 괴롭다며 탄원하고 부르짖게 만들거나, 그의 말문을 철저하게 막아 버려서 도대체 어떤 말로 자신의 곤경을 하나님께 아뢰어야 하는지를 갈피를 잡지 못해서 단 한 마디도 기도할 수 없게 만들어 버렸습니다.

하지만 이제 그의 무력함은 그의 기도생활을 조용히 꼭 붙들어 주는 힘이 되었습니다. 낮아지고 통회하는 심령은 자기가 하나님 앞에 내놓을 것이 아무것도 없다는 것을 알고 있고, 자기가 해야 할 모든 것은 오직 자신의 무력함을 인정하고 받아들이고서, 마치 갓난아기가 자기 자신을 철저하게 어머니의 돌보심에 맡기듯이, 우리의 거룩하시고 전능하신 하나님이 우리를 돌보시도록 맡기는 것뿐임을 알고 있습니다.

그러므로 이제 우리의 기도는 우리가 어떤 일들에서 무력하다고 느끼는지를 날마다 하나님께 있는 그대로 아뢰는 데 있습니다. 기도의 영인 하나님의 성령이 우리에게 우리의 무력함을 새롭게 깨우쳐 줄 때마다, 우리 속에서는 기도하고자 하는 감동이 일어납니다. 믿고 사랑하며 소망하는 것, 섬기고 희생하며 고난 받는 것, 성경을 읽고 기도하며 우리의 죄악된 욕망들에 대항하여 싸우는 것에서 우리가 본성적으로 얼마나 무력한지를 깨닫습니다.

그런데도 우리는 종종 하나님 앞에서 무력함의 이 복된 태도에서 살짝 벗어나는 일이 생기기도 합니다. 우리의 이전의 자만과 자부심, 그리고 자신감이 불쑥 올라와서 우리를 주장합니다. 그럴 때면 우리의 심령은 우리가 무력하다는 사실을 놓치고 그 의미가 가물가물해져서, 또다시 마음이 혼미해지고 아득해지며 염려에 붙잡히게 됩니다. 모든 것이 또다시 으르렁대며 고함을 칩니다. 죄 사함에 대한 확신도 없어지고, 하나님의 평안은 우리의 삶에서 사라집니다. 세상적인 욕망들, 나태함, 영적 관심의 결여가 우리의 영적인 삶을 질식시키기 시작합니다. 우리의 삶 속에서 죄는 다시 승리를 거두고, 하나님을 섬기기 싫어하는 영이 우리의 심령 속에서 작동합니다.

하나님이 또다시 우리를 낮추셔서 통회하는 마음을 갖게 하셔서, 우리가 또다시 우리는 전적으로 무력한 죄인이라는 것, 즉 무한하신 하나님이 우리에게 긍휼을 베푸시고 우리를 사랑하셔서 돌보실 수 있으시도록 우리 자신을 온전히 맡기는 것 외에는 스스로 아무것도 할 수 없다는 것을 인정하게 될 때에야 비로소 그런 상태는 사라집니다. 이렇게 해서 우리의 무력함은 다시 우리를 하나님 및 사람과의 올바른 관계로 정립시키고, 무엇보다도 우리에게 기도에서의 올바른 태도를 회복시켜 줍니다.

기도에서 무력함은 다리를 절거나 중풍병을 앓는 사람의 상태와 놀라울 정도로 닮아 있습니다. 그런 사람은 처음에는 거의 참을 수 없을 정도로 무척 고통스럽고 철저한 무력감을 느끼기 때문에, 숟가락을 잡고서 밥 한 술을 떠서 입으로 가져올 수도 없고 자신의 얼굴에 붙어 있는 파리를 쫓을 힘도 없습니다. 그는 자신의 몸이 마비가 되고 불구가 되었다는 사실을 받아들일 수 없어서 속으로는 자신의 그런 처지에 강한 반발심을 가지고서 반항하고 항변함과 동시에 밖으로는 이전처럼 자신의 손과 발을 정상적으로 사용하려고 젖 먹던 힘까지 다 끌어내어서 사력을 다합니다. 그런 처지에 있게 되면 누구나 다 그럴 것이기 때문에, 이것은 충분히 이해할 수 있는 일입니다.

그러나 그가 결국 자신의 병에 대해 체념하고 자신의 무력함을 받아들이게 되었을 때 어떤 모습으로 변화되는지를 주목해 보십시오. 그는 이전과 마찬가지로 여전히 무력합니다. 그러나 그의 무력함은 이제 더 이상 그에게 그 어떤 고통이나 불만이나 염려를 불러일으키지 않습니다. 그것은 그의 일부가 되었고, 그의 모든 움직임들과 태도에 그대로 반영됩니다.

그는 모든 것에서 도움을 받아야 합니다. 그것은 그를 철저하게 낮추어 줍니다. 이제 이 낮아짐도 그의 전 존재에 반영되어 있는 것을 주목해 보십시오. 그는 자기는 남들을 도울 수 없고 일방적으로 도움을 받을 수밖에 없다는 것을 알기 때문에 도움을 구할 때마다 미안하고 송구한 마음으로 조용히, 그리고 겸손하게 도움을 구합니다. 이제 그는 자기가 받는 아주 작은 도움에도 얼마나 고마워하고 감사하게 되었는지를 주목해 보십시오.

그가 생각하는 모든 것과 그가 계획하는 모든 것은 그의 무력함 위에 세워져 있습니다. 물론, 그는 모든 일에서 그를 돌보는 사람들을 의지합니다. 이렇게 의지하는 마음은 그와 그들 간의 특별한 공감대로 발전되고, 사람들을 하나로 묶는 가장 강력한 유대를 형성합니다.

이렇게 우리의 무력함은 우리로 하여금 말로 표현할 수 없을 정도로 아주 단단히 하나님을 꼭 붙들게 만들고 아주 강력하게 의지하게 만듭니다. "나를 떠나서는 너희가 아무것도 할 수 없음이라"(요 15:5)고 하신 예수님의 말씀을 떠올려 보십시오. 예수님은 우리가 평생에 걸쳐 배우고 죽음의 문턱까지 가서도 온전히 다 배우지 못할 교훈을 여기에서 단 한 줄로 우리에게 말씀하십니다.

나는 할 수만 있다면 우리의 무력함을 백 번 천 번이라도 반복해서 강조하고 외칠 것입니다. 왜냐하면 그것은 우리의 기도생활에서만이 아니라 하나님과 우리의 관계 전체에서도 결정적인 요소이기 때문입니다. 우리의 무력함을 알고 있는 동안에는, 우리는 그 어떤 어려움에도 눌리지 않고 그 어떤 환난에도 불안해하지 않으며 그 어떤 장애물에도 기겁하지 않습니다. 우리는 우리 자신에게서 아무것도 기대하지 않기 때문에, 우리에게 닥친 모든 어려움들과 장애물들을 기도를 통해 하나님 앞으로 가져갑니다. 그리고 그것은 하나님께 문을 열어 드려서, 하나님이 자신의 수중에 있는 이적의 능력을 통해 무력함 가운데 있는 우리를 도우실 수 있는 기회를 드리는 것을 의미합니다.

2. 믿음

우리는 이제 기도의 본질을 구성하는 태도 중에서 또 다른 측면, 즉 말로 표현된 것이든 아니든 하나님이 땅에서 그에게 드려지는 기도로 받아들이시는 심령의 상태를 살펴볼 차례입니다.

성경에서는 "믿음이 없이는 하나님을 기쁘시게 하지 못하나니"(히 11:6)라고 말씀합니다. 우리가 우리 자신의 무력함을 아무리 절실하게 깨닫고 안다고 해도, 믿음이 없이는 기도는 존재할 수 없습니다. 무력함이 믿음과 결합될 때에 기도가 생겨납니다. 믿음이 없다면, 우리의 무력함은 단지 캄캄한 어둠 속에서 고통에 몸부림치며 괴로워하는 공허한 울부짖음일 뿐입니다.

내가 믿음이라는 말을 꺼내기가 무섭게, 모든 기도하는 사람들은 내가 기도생활의 여러 측면들 중에서 가장 민감한 측면을 다루고자 한다는 것을 금방 알아차릴 것입니다. 우리가 들으려고 하기만 한다면, 믿음으로 기도해야 한다는 것을 정확히 꼭 집어서 말해 주는 본문들이 성경에 많이 나온다는 것을 알게 됩니다.

"만일 너희가 믿음이 있고 의심하지 아니하면 이 무화과나무에게 된 이런 일만 할 뿐 아니라 이 산더러 들려 바다에 던져지라 하여도 될 것이요 너희가 기도할 때에 무엇이든지 믿고 구하는 것은 다 받으리라"(마 21:21-22).

"내 말이 네가 믿으면 하나님의 영광을 보리라 하지 아니하였느냐"(요 11:40).

"네 믿은 대로 될지어다"(마 8:13).

"오직 믿음으로 구하고 조금도 의심하지 말라 의심하는 자는 마치 바람에 밀려 요동하는 바다 물결 같으니 이런 사람은 무엇이든지 주께 얻기를 생각하지 말라 두 마음을 품어 모든 일에 정함이 없는 자로다"(약 1:6-8).

이 말씀들은 수많은 기도하는 사람들을 절망에 빠뜨리고 철저하게 무력감을 느끼게 만들어서 기도하는 것이 불가능하다고 느끼게 해 왔습니다. 이 말씀들이 말하고자 하는 것은 너무나 분명하고 자명합니다. 하나님께 기도하고자 하는 사람은 하나님을 믿어야 한다는 것입니다. 기도응답에 대한 믿음 없이 하나님을 향하여 기도하는 것은 하나님에 대한 모독입니다.

정직한 심령이 성경에 비추어서 자신을 살펴보면, 자신의 기도 속에 믿음이 결여되어 있는 것 같다는 것을 이내 발견하게 됩니다. 성경은 믿음으로 구하고 아무것도 의심하지 말라고 말씀하지만, 그는 정반대로 행하고 있는 자신을 발견합니다. 기도하기 전에도 의심하고, 기도하는 동안에도 의심하며, 기도한 후에도 의심합니다. 자기는 의심의 바람에 따라 이리저리

"밀려 요동하는 바다 물결" 같다고 느끼고, 성경이 말씀하고 있는 바로 그런 사람, 곧 "두 마음을 품어 모든 일에 정함이 없는 자"라고 느낍니다.

그는 절망에 빠져 무력감을 느끼는 가운데 기도하지만, 그런 고뇌 속에서 그가 자기 자신을 위해, 그리고 자기가 사랑하는 사람들을 위해 하나님께 간절하게 자주 부르짖어 기도해도 응답을 받지 못합니다. 그래도 그런 기도를 드린 후에 그의 심령은 속으로 은근히 기대하며 소망을 품습니다: "하나님이 이번에는 내 기도를 들어주시겠지." 그는 응답을 손꼽아 기다립니다. 그러나 애석하게도 그 어떤 변화도 일어나지 않습니다.

그는 하나님이 자신의 기도에 심판을 선고하신 것이라고 느낍니다. 하지만 하나님이 그의 기도를 듣고 응답하실 수 없는 이유는 그가 믿음으로 기도하지 않았기 때문입니다. 그는 기도했지만 의심하면서 기도했습니다. 애석하게도 의심은 모든 기도하는 사람 속으로 뚫고 들어가서, 그로 하여금 기도에 대해 염려하고 두려워하게 만들고, 자신의 기도가 오히려 하나님을 거슬러 범죄하는 것이 되면 어쩌나 하고 염려하게 만듭니다.

의심하며 기도하는 나의 친구여, 당신의 상황은 당신이 생각하는 것만큼 그렇게 나쁘지 않습니다.

당신에게는 당신이 생각하는 것보다 더 많은 믿음이 있습니다. 당신에게는 기도하기에 충분한 믿음이 있고, 당신의 기도가 응답될 것임을 믿어도 좋을 만큼 충분한 믿음이 있습니다. 믿음은 기이한 것이어서, 흔히 우리가 볼 수도 없고 발견할 수도 없게 감추어져 있습니다. 그럼에도 불구하고 믿음은 거기에 있어서, 명확하고 분명한 증표들을 통해 자신을 드러냅니다. 이 증표들을 간단하게 살펴보겠습니다.

믿음의 본질은 그리스도에게로 나아가는 것입니다.

이것은 믿음이 아직 살아 있다는 것을 보여 주는 첫 번째이자 마지막이며 가장 확실한 증표입니다. 죄인에게는 죄와 괴로움밖에 없습니다. 하나님의 성령은 그것을 그에게 분명히 보여 주었습니다. 죄인이 전에 그랬던 것처럼 하나님과 자신의 책임으로부터 도망치지 않고, 도리어 자신의 모든 죄와 곤경을 들고서 그리스도의 임재 앞으로 나아갈 때, 믿음은 분명하고 명백하게 자신을 드러냅니다. 그렇게 하는 죄인에게는 믿음이 있습니다.

"내게 오는 자는 내가 결코 내쫓지 아니하리라"(요 6:37). "만일 우리가 우리 죄를 자백하면 그는 미쁘시고 의로우사 우리 죄를 사하시며 우리를 모든 불의에서 깨끗하게 하실 것이요"(요일 1:9).

이것은 그리스도께로 나아가서 그에게서 "네 믿음이 너를 구원하였느니라"는 말씀을 듣고 그 자리를 나온 사람들이 행했던 것이었습니다. 그들이 했던 모든 것은 예수님 앞으로 나아가서 육신적인 것이든 영적인 것이든 자신의 곤경을 내어놓는 것이었습니다.

살아 있는 믿음을 보여 주는 간단하면서도 분명한 증표를 주목하십시오.

그런 믿음은 자신의 곤경을 보고 자신의 무력함을 인정하고서는 예수님 앞으로 나아가서, 자신의 상황이 얼마나 나쁜지를 말씀드리고 모든 것을 그에게 맡깁니다.

이제 당신과 나는 기도하기 위해서는 우리에게 얼마나 많은 믿음이 필요한지를 말할 수 있습니다. 우리가 우리의 무력함을 알고 예수님 앞으로 나아간다면, 우리에게는 충분한 믿음이 있는 것입니다.

이것은 참된 기도는 무력함과 믿음의 열매라는 것을 우리에게 분명하게 보여 줍니다. 당신이 예수님 앞으로 나아가서 그를 신뢰하는 가운데 당신의 곤경에 대해 솔직하게 아뢰는 순간, 무력함은 기도가 됩니다. 이것이 믿는 것입니다.

기도하기 위해서 이것보다 더 큰 믿음이 필요하지 않은 이유는 기도의 본질 자체에 있습니다.

앞에서 우리는 기도라는 것은 예수님이 문을 두드리실 때 우리가 마음 문을 열고서 그를 영접해서, 그가 우리의 곤경과 무력함에 다가오셔서 자신의 이적을 행하는 능력으로 역사하실 수 있게 해 드리는 것 이외에 다른 것이 아님을 보았습니다.

우리의 믿음은 예수님이 우리가 간구한 것들을 이루시도록 돕고자 하는 것이 아닙니다. 예수님에게는 우리의 그 어떤 도움도 필요하지 않습니다. 그에게 필요한 모든 것은, 그가 우리의 곤경에 다가오실 수 있도록 우리가 허용하는 것입니다. 또한, 우리의 믿음은 예수님을 우리의 곤경 속으로 끌어들이거나 우리에게 관심을 갖게 만들거나 우리를 위해 염려하게 만들고자 하는 것이 아닙니다. 예수님은 아주 오래 전부터 우리를 돌보아 오셨고, 우리를 도우시기 위하여 언제든지 기꺼이 우리의 곤경으로 다가오실 준비가 되어 계십니다. 그러나 우리가 "문을 열" 때까지는, 즉 우리가 기도를 통해서 예수님이 개입할 기회를 드릴 때까지는, 그는 우리에게 오실 수 없고 우리의 곤경에 다가가실 수 없습니다.

당신은 너무도 자주 기도를 시작하러 들어갈 때에나 끝마치고 나올 때에나 내적으로 확신을 갖지 못하고 의심하는 자신의 심령 상태가 불신앙이라고 생각해 왔습니다. 그것은 애석하게도 우리의 기도생활에서 아주 비일비재하게 생겨날 뿐만 아니라 위험하기도 한 잘못된 생각에서 기인합니다.

불신앙은 의심과는 판이하게 다릅니다. 그것은 의지의 속성으로서 믿기를 거부하는 데 있습니다. 즉, 불신앙은, 자신의 곤경을 보고 자신의 무력함을 인정하고서 예수님 앞으로 나아와 그를 신뢰하는 가운데 자신의 죄와 곤경에 대해 솔직하게 아뢰기를 거부하는 것입니다.

반면에, 의심은 종종 우리의 믿음에 영향을 미치는 고뇌와 고통과 연약함입니다. 그러므로 우리는 그것을 믿음의 고민, 믿음의 고뇌, 믿음의 고난, 믿음의 환난이라 부를 수 있습니다.

그런 믿음의 질병들은 다른 모든 질병들과 마찬가지로 고통스러울 수 있고 기간도 길어질 수 있습니다. 그러나 우리가 그것을 우리에게 주어진 고난으로 여기기 시작한다면, 그것은 자신이 지닌 독침을 잃고 더 이상 우리를 괴로움과 혼란스러움을 줄 수 없습니다.

우리에게 주어지는 모든 고난은 합력해서 우리에게 유익과 복을 가져다줍니다. 믿음의 고난도 마찬가지입니다. 그것은 우리가 느끼는 것만큼 그렇게 위험하지 않고, 믿음이나 기도에 해롭지도 않습니다. 그것은 우리로 하여금 우리의 무력함을 깨닫게 해 주는 데 기여합니다. 그리고 앞에서 이미 보았듯이, 무력함은 심리학적으로 기도를 견인하고 추진하는 동력입니다. 우리 자신의 무력함을 느끼는 것만큼 우리의 기도생활을 촉진시켜 주는 것은 없습니다.

하지만 이런 생각들은 앞에서 인용한 성경 본문들과 부합하지 않는 것처럼 보입니다. 그 본문들은 의심하고 기도하는 사람은 응답받기를 기대해서는 안 된다고 단호하게 말씀합니다.

그러나 이 본문들을 그 전체적인 맥락으로부터 따로 분리해서 보아서는 안 되고, 또한 그 동일한 취지를 담고 있는 성경의 다른 본문들과도 비교해 보아야 합니다. 여기에서 우리는 특히 마가복음 9:14-29에 나와 있는 특별한 기사를 살펴보지 않으면 안 됩니다. 예수님과 그의 열두 제자 중 세 사람이 변화산 위에서 특별한 사건을 경험하고 있는 동안에, 산 아래에서는 어떤 사람이 귀신 들린 자신의 어린 아들을 거기에 남아 있던 다른 제자들에게 데려왔지만, 그들은 귀신을 쫓아낼 수 없었습니다. 예수님이 산에서 내려오시자, 이 아버지는 자기 아들을 예수님에게로 황급히 데려왔습니다.

예수님의 질문에 이 아버지는 이 아이가 얼마나 오랫동안 이런 고통을 겪어 왔고 그 고통이 얼마나 극심했는지에 대해 말한 후에, 절박한 심정으로 "무엇을 하실 수 있거든 우리를 불쌍히 여기사 도와 주옵소서"라는 말을 덧붙였습니다. 그러자 예수님은 "할 수 있거든이 무슨 말이냐 믿는 자에게는 능히 하지 못할 일이 없느니라"고 대답하셨고, 예수님의 이 말씀의 심각성을 깨달은 그 아이의 아버지는 "내가 믿나이다 나의 믿음 없는 것을 도와 주소서"라고 큰 소리로 외쳤습니다.

여기에서 우리는 의심하는 믿음의 전형적인 예를 봅니다. 이 경우에 의심은 통상적으로 그러하듯이 두 방향으로의 의심을 담고 있는데, 하나는 하나님과 관련한 의심이고 다른 하나는 믿음과 관련한 의심입니다. 이 사람은 자기가 생각하고 있던 것을 정확히 표현합니다. "무엇을 하실 수 있거든 우리를 불쌍히 여기사 도와 주옵소서." 그는 예수님이 자기 아들을 도와 주실 수 있으시다는 것을 진정으로 온전히 확신하지 못했습니다.

예수님이 "할 수 있거든이 무슨 말이냐 믿는 자에게는 능히 하지 못할 일이 없느니라"고 말씀하시며 믿음에 관한 통렬한 말씀으로 그 사람의 회의적인 생각을 맞받아치셨을 때, 그 사람은 완전히 항복했습니다. 그는 예수님의 말씀이 참되다는 것을 알았지만, 자신의 믿음이 그를 실망시키고 있다는 것도 알았습니다. 그 순간 모든 것이 위태로웠습니다. 그러나 그는 자신의 심령 속에서 믿음과 의심이 주도권을 잡기 위해 어떻게 서로 싸우고 있는지를 정확히 말씀드리는 것 이외에는 달리 어떻게 해야 할지를 알지 못했습니다. 그래서 그는 이렇게 말합니다: "내가 믿나이다 나의 믿음 없는 것을 도와 주소서."

여기에서 우리가 특히 주목해야 할 것은 그가 불신앙이라는 표현을 사용하고 있다는 것입니다. 그는 스스로 자신의 의심을 불신앙으로 규정하고 단죄합니다. 이것이 진실한 믿음이 늘 하는 것입니다. 진실한 믿음은 자신의 믿음 자체를 언제나 엄격하고 가차 없이 판단합니다.

그러나 우리는 예수님이 이 사람의 의심하고 요동하고 흔들리는 심령 상태에 대해 어떤 판단을 내리셨는지를 주목해야 합니다. 그의 눈에 그것은 믿음이었습니다. 이것은 예수님이 이 아버지의 아이를 고쳐 주셨다는 사실에서 아주 분명하게 드러납니다. 만일 이 아버지의 의심이 실제로 불신앙이었다면, 예수님은 그 아이를 고쳐 주지 않으셨을 것입니다. 23절은 그것을 분명하게 보여 주고, 마가복음 6:5-6은 그것을 아주 분명하게 말해 줍니다: "거기서는 아무 권능도 행하실 수 없어……그들이 믿지 않음을 이상히 여기셨더라."

여기에서 우리는 연약하고 요동하며 의심하는 믿음이 어떻게 존재할 수 있는지를 알게 됩니다.

우리가 주목해 볼 것은 믿음은 기도의 순간에 그 자신을 불신앙으로 규정하여 단죄하였지만, 사실 믿음은 거기에 존재했다는 것입니다.

예수님이 자신의 가장 큰 이적들 중의 하나를 행하시기에 충분할 정도의 믿음이 이미 거기에 있었습니다. 제자들은 그 아이를 고치려고 애썼지만 실패했습니다.

이 아버지의 그런 연약하고 요동하고 의심하는 믿음이 들으심을 얻고 응답받을 수 있었던 이유는 무엇입니까? 그것은 그의 믿음은 살아 있는 믿음의 본질을 지니고 있었기 때문이었습니다. 즉, 그 믿음은 예수님 앞으로 나아갔습니다. 그 믿음은 자신의 곤경을 예수님 앞에 있는 그대로 아뢰었습니다. 그 믿음은 자신의 믿음 속에 들어 있는 의심으로 인한 고통을 탄식하며 자신의 믿음이 얼마나 믿음으로 꽉 차 있는지를 예수님에게 솔직하게 드러내었습니다.

이렇게 해서 우리가 **기도와 믿음의 본질에 대하여 얻게 된 통찰**은 의심할 여지 없이 우리의 기도생활을 단순하게 해 주고 좀 더 쉽게 만들어 줄 것입니다.

먼저, 기도의 응답이 기도하기 전후나 기도하는 동안에나 우리의 감정이나 생각에 달려 있지 않다는 것이 우리에게 분명해졌습니다. 마가복음 9장에 나오는 귀신 들린 아들을 둔 아버지에 관한 사건이 그것을 우리에게 분명히 보여 주었습니다. 그의 감정은 그가 기도하기 전후나 기도하는 동안에나 참담하기 그지없었습니다. 모든 것이 절망적으로 보였습니다. 제자들이 그의 아들을 고치려고 애썼지만, 성공하지 못했습니다. 그 때에 예수님이 오셨고, 강력하게 믿음을 강조하고 요구하셨습니다. 그 말씀을 들은 이 가련한 아버지는 너무나 고민이 되어서, "내가 믿나이다 나의 믿음 없는 것을 도와 주소서"라고 소리쳤습니다. 그는 모든 길이 막혀 있다고 느낀 것 같습니다.

그의 생각도 그의 감정도 절망뿐이어서 그에게 아무런 힘이 되지 못했습니다. 그는 "무엇을 하실 수 있거든"이라고 말함으로써, 자기가 무슨 생각을 하고 있는지를 어느 정도 우리에게 보여 주었습니다. 그는 제자들이 실패했는데 주님이라고 해서 무슨 뾰족한 수가 있을 수 있겠는가라고 생각했기 때문에, 주님이 자기 아들을 고치실 수 있을 것이라는 확신을 전혀 가질 수 없었습니다. 그런데 예수님이 이 아들이 고침 받을 수 있느냐 고침 받을 수 없느냐의 여부는 이 아이의 아버지에게, 그것도 그 아버지의 믿음에 달려 있다고 말씀하시는 것을 들었을 때, 그는 한층 더 절망할 수밖에 없었습니다. 왜냐하면 그에게는 확고한 믿음이 없고, 자기가 믿음과 불신앙 사이에서 오락가락하며 이리저리 흔들리고 있는 듯이 느끼고 있었기 때문이었습니다.

이것은 기도할 때에 정확히 동일한 경험을 하곤 하는 우리가 꼭 생각해 보아야 할 것입니다. 우리는 의심과 믿음을 오갑니다. 제대로 올바르게 기도하고 있는 것인지, 또는 하나님의 뜻을 따라 기도하고 있기나 한 것인지를 확신하지 못합니다. 심지어 하나님의 뜻을 따라 기도하고 있다는 것을 확신할 때조차도, 우리의 기도에 간절함이나 진실함이 거의 느껴지지 않아서, 바로 그런 이유 때문에 우리의 기도가 과연 응답될 것인지에 대해 의심하는 경우도 자주 있습니다. 그런 마음 상태로 기도한다는 것이 하나님을 모독하는 것은 아닌가 하는 생각까지 듭니다.

그런 때에 우리에게는 우리의 곤경을 예수님에게 가져가서 다 맡기기에 충분한 믿음이 있다는 것을 아는 것은 복된 일입니다. 우리의 마음에 의심은 많고 믿음은 별로 없는 경우에도, 우리는 귀신 들린 아이의 아버지가 예수님에게로 나아가서 행한 것처럼 행할 수 있습니다. 먼저 우리의 의심과 우리의 연약한 믿음을 예수님에게 있는 그대로 아뢰는 것에서 시작할 수 있습니다. 이것은 우리가 기도하는 것을 더 쉽게 만들어 주기 때문에, 그런 후에 우리는 좀 더 자신감을 가지고 기도할 수 있습니다.

어떻게든 믿음을 갖기 위해 온 힘을 다해 애쓸 필요도 없고, 우리 마음에서 의심을 쫓아 버리기 위해 안간힘을 쓸 필요도 없습니다. 그 두 가지는 모두 똑같이 쓸데없는 짓입니다. 먼저 나의 심령 상태를 그대로 인정하고 아뢰면, 나의 모든 것을 예수님 앞에 가져가는 것이 아무리 어려운 일일지라도, 그렇게 할 수 있을 것 같다는 생각이 내게 희미하게 동터오기 시작합니다. 내 안에 있는 의심들이나 나의 약한 믿음에 기겁을 해서 달아날 필요가 없고, 오직 나의 믿음이 얼마나 약한지를 예수님께 아뢰기만 하면 됩니다. 나는 예수님에게 문을 열어 내 마음속으로 들어오시게 했습니다. 이제 예수님은 내 마음의 소원들을 이루어 주실 것입니다.

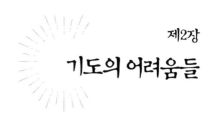

제2장
기도의 어려움들

기도한다는 것은 우리의 마음을 예수님에게 여는 것입니다. 그리고 예수님은 현세에서나 영원에서나 우리 죄인들에게 필요한 전부입니다. 예수님은 "하나님으로부터 나와서 우리에게 지혜와 의로움과 거룩함과 구원함이 되셨습니다"(고전 1:30). 이 말씀은 기도의 목적 및 하나님의 구원의 경륜 속에서 기도의 위치와 의의에 대한 성경적 관점을 우리에게 보여 줍니다.

예수님은 "나를 떠나서는 너희가 아무 것도 할 수 없다"(요 15:5)고 말씀하셨습니다. 그는 이 말씀이 문자 그대로 얼마나 참된 말씀인지, 즉 우리가 예수님 없이는 얼마나 철저하게 무력한지를 아셨습니다. 그러나 그것과 동시에 "구하라 그리하면 너희에게 주실 것이요" 너희가 구한 것보다 더 차고 넘치게 주실 것이라고 말씀하셨습니다.

예수님은 우리에게 기도하라고 초청하고 촉구하며 격려하고 권면하며 명령하기를 결코 그치지 않으셨습니다. 성경에 나오는 기도에 대한 아주 다양하고 수많은 권면들은 기도를 상당한 정도로 조명해 줍니다. 그것들은 기도가 구원받은 사람들의 삶에서 심장박동이라는 것을 우리에게 보여 줍니다.

주님이 우리에게 주신 기도에 대한 은혜로운 권면들 중에서 몇 개만 인용해 보겠습니다: "구하라 그리하면 너희에게 주실 것이요 찾으라 그리하

면 찾아낼 것이요 문을 두드리라 그리하면 너희에게 열릴 것이니 구하는 이
마다 받을 것이요 찾는 이는 찾아낼 것이요 두드리는 이에게는 열릴 것이
니라 너희 중에 누가 아들이 떡을 달라 하는데 돌을 주며 생선을 달라 하는
데 뱀을 줄 사람이 있겠느냐 너희가 악한 자라도 좋은 것으로 자식에게 줄
줄 알거든 하물며 하늘에 계신 너희 아버지께서 구하는 자에게 좋은 것으
로 주시지 않겠느냐"(마 7:7-11).

"너희가 내 안에 거하고 내 말이 너희 안에 거하면 무엇이든지 원하는 대
로 구하라 그리하면 이루리라"(요 15:7).

"아무 것도 염려하지 말고 다만 모든 일에 기도와 간구로, 너희 구할 것
을 감사함으로 하나님께 아뢰라"(빌 4:6).

내게는 성경에 나오는 이 세 본문만으로도 예수님이 기도가 무엇이라고
가르쳐 주고자 하셨는지를 보여 주는 데 충분해 보입니다.

그 의미를 내 자신의 말로 표현해 보라고 하면, 나는 그것을 다음과 같이
표현할 것입니다:

예수님은 죄인에게 오셔서 죄의 잠에 빠져 있는 그를 깨우시고 회심시
키셔서 그의 죄를 사해 주시고 그를 자신의 자녀로 삼으십니다. 그런 후에
는 못자국이 선명한 자신의 강력한 손으로 그 죄인의 연약한 손을 붙잡고
서는 이렇게 말씀하십니다: "자, 이제부터 나는 너와 내내 동행해서 너를 본
향인 천국까지 무사히 데려다 줄 것이다. 네가 환난이나 어려움을 만나거
든, 그 즉시 내게 말해 다오. 나는 너를 못났다고 꾸짖지 않을 것이고, 네가
이 땅에서 살아가는 동안에, 날마다 네게 필요한 모든 것은 물론이고 그 이
상으로 차고 넘치게 네게 부어줄 것이다."

친구여, 당신은 이것이 예수님이 우리에게 기도를 주신 진정한 목적이

고, 우리가 기도를 해야 하는 이유이며, 예수님이 우리의 기도에 은혜 가운데서 차고 넘치게 응답해 주고자 하시는 이유라는 생각이 들지 않습니까? 기도는 내가 이 땅에서 살아가는 동안에 내게 필요한 모든 것들을 얻는 수단이어야 하고, 그렇기 때문에 나의 매일의 피난처이자 나의 매일의 위로이며 나의 매일의 기쁨이고 내 삶에서 끊임없이 솟아나오는 풍성한 기쁨의 원천이어야 합니다.

이것으로부터 또 한 가지 분명한 것은 하나님의 자녀가 기도하기를 소홀히 할 때 예수님은 가장 근심하신다는 것입니다. 왜냐하면 기도를 게을리할 때 그와 구주를 연결해 주던 관계는 단절되고, 그의 내면의 생명은 시들고 불구가 되어 버리기 때문입니다. 이것은 우리 중 대다수가 겪고 있는 현실입니다. 많은 사람들이 자신들의 영적인 생명이 점점 약해져서 결국 소진되어 버리는 지경에 이르기까지 기도를 소홀히 합니다.

하나님이 비통한 심정으로 우리를 향하여 "너희가 얻지 못함은 구하지 아니하기 때문"이라고 말씀하시는 음성이 내 귀에 들리는 듯합니다(약 4:2).

우리에게 필요한 모든 것은 하나님에게 있고, 하나님이 자신의 은사들을 우리에게 나누어 주고 싶어 하시는 것보다 더 하고 싶어 하시는 일은 없습니다. 그러나 우리는 구하지 않습니다. 우리는 기도할 시간이 없다고 말합니다. 또는, 우리는 기도하기를 잊어버립니다. 그 결과 우리는 죄에 대항하여 싸우고 주님을 섬기는 일은 말할 것도 없고 우리 자신의 발로 설 수도 없을 정도로 영적으로 굶주리고 쇠약해질 대로 쇠약해져서 영적인 불구자나 난쟁이가 되어 집으로 돌아가거나 신자들의 모임에 갑니다.

나는 회심한 이래로 하늘에 계신 나의 긍휼에 풍성하신 아버지께 많은 죄를 지었고, 아버지와 함께 살아 온 지난 25년의 세월 동안에 아버지의 속을 많이 썼였습니다. 그러나 나의 회심 이후로 내가 저지른 가장 큰 죄이자 내 주님을 가장 근심하게 한 일은 기도와 관련된 일로서 기도를 게을리한 것입니다. 기도를 게을리하는 것은 내가 적극적으로나 소극적으로 지어 온 수많은 죄들의 원인입니다. 내가 거룩한 기도의 세계를 알게 되면 될수록, 기도할 수 있었던 무수한 기회들을 선용하지 못하고 흘려보내 버린 것과 내가 기도하기만 했다면 하나님으로부터 받았을 수많은 응답들이 나를 더욱 더 세차고 모질게 고발하고 꾸짖습니다.

왜 우리 중 대다수는 기도에서 이토록 무참하게 실패하는 것일까요?

나는 하나님의 은혜로 기도하기 시작하면서부터 내내 이 질문을 숙고해 왔습니다.

나는 우리가 모두 우리 자신에 대해서나 다른 사람들에 대해서나 기도하는 것이 우리 모두에게 어려운 일이라는 것을 아무런 이의도 제기하지 않고 순순히 수긍하고 인정할 것이라고 생각합니다. 그 어려움은 기도하는 행위 자체에 있습니다. 기도하는 것, 진정으로 기도하는 것은 우리에게 어려운 일입니다. 그것은 힘들고 고통스러운 일로 느껴집니다.

아직 은혜를 받지 않은 자연인에게 기도가 힘들고 고통스러운 일로 느껴지는 것은 조금도 이상한 일이 아닙니다. 그는 "하나님의 성령의 일들을 받지 아니하나니 이는 그것들이 그에게는 어리석게 보이기" 때문입니다 (고전 2:14). "육신의 생각은 하나님과 원수"입니다(롬 8:7).

물론, 자연인에게도 가끔씩 기도하고 싶은 때가 있기는 합니다. 예컨대, 위험에 처했을 때나 종교적인 분위기에 젖어 있을 때 기도하고 싶다고 느낄 수 있습니다. 그러나 날마다 규칙적으로 기도하는 것은 그에게 결코 용

납할 수 없는 일입니다. 그는 하나님이 기도에 대해 이렇게까지 세세하게 마음을 쓰는 것은 비이성적이라고 느낍니다.

대부분의 목회자들과 설교자들이 그에게 기도를 자주 많이 하라고 권면하면, 그는 자기가 그렇게 자주 기도하지 않는 많은 이유들을 댑니다. 그는 속으로 이렇게 말합니다: '하나님은 건강하고 힘이 넘쳐서 일을 잘할 수 있는 사람들이 그토록 귀하고 소중한 시간을 기도에 낭비하는 것을 원하시지 않을 것이 분명하다. 모든 사람이 너무나 바쁘게 살아가는 현대에 있어서는 특히 더더욱 그러할 것이다. 만일 그렇지 않다면, 하나님은 일하지 않고 팔짱을 끼고 있는 것을 더 바람직한 일로 여기시는 것이 아니고 무엇이겠는가? 우리의 하나님이 팔짱 낀 손보다 일하는 손을 더 귀하게 보시지 않는다면, 그것처럼 이상한 일이 어디 있겠는가?'

자연인은 기도를 부담스럽고 괴로운 일로 여깁니다. 대부분의 영적이지 않은 사람들은 결코 이 부담을 감수하려고 하지 않습니다. 하지만 어떤 사람들은 이 부담을 감수하고 매일 조금씩 하나님께 기도하기도 합니다. 그러나 그것을 감당하기 힘든 의무로 여기고, 우리 하나님이 우리에게 기도하기를 엄격하고 단호하게 요구한다고 생각해서 그렇게 해 나가는 것일 뿐입니다.

이것이 기도를 바라보는 자연의 시각이라는 것은 우리에게 별로 이상한 일이 아닙니다. 하지만 기도에 대한 이러한 생각이 믿는 그리스도인들 사이에서도, 특히 우리 중 다수 가운데서도 널리 퍼져 있는 것을 아는 순간 우리는 놀라지 않을 수 없습니다.

회심한 초기에 우리는 틈만 나면 간절하게 기도하는 삶을 살았습니다. 하루 중에서 기도하는 시간이 가장 행복한 시간이었습니다. 그러나 어느 정도 시간이 지나면서 우리는 우리의 기도생활에서 어려움들에 봉착하기 시작했습니다. 기도가 힘들고 괴로운 짐이 되었습니다. 전에는 정직한 심령으로서 우리는 부지런히 그리고 신실하게 기도에 매달렸지만, 이제는 우리의 은밀한 골방으로 들어가는 발걸음이 잘 떼어지지 않아서 억지로 가는 일이 잦아졌습니다. 전에는 속량함을 받은 영혼이 하나님과 자유롭고 행복하고 교제하며 감사하는 시간이었던 기도가 이제는 하나님을 믿는 우리가 해야 하는 의무이기 때문에 빼먹으면 찜찜해서 의지력을 발휘해서라도 꼭 해야만 마음이 편한 일이 되어 버리고 말았습니다.

기도가 힘들고 괴로운 일이 될수록, 더욱더 기도를 소홀히 하게 됩니다. 영적인 삶에 치명적인 결과들은 즉시 나타나지는 않지만 반드시 나타납니다. 먼저 우리의 마음과 생각이 세상적이 되어서, 우리가 하나님으로부터 점점 멀어지고 있다는 것을 느끼게 되고, 그래서 하나님께 아뢰거나 하나님과 대화할 것이 점점 더 없어지는 것을 느낍니다. 다음으로, 하나님과 만나고 싶지 않은 마음이 점점 커져서, 우리는 늘 핑곗거리를 찾아서 기도하지 않으려 하고, 기도하지 않은 후에는 그럴 듯한 변명들로 자신을 합리화합니다.

우리의 내면생활은 약화되기 시작합니다. 죄 안에서 살아가는 고통이 이전처럼 그렇게 예민하게 느껴지지 않고 무디어집니다. 이제 더 이상 하나님 앞에 정직하게 죄를 고백하지 않기 때문입니다. 그 결과 또다시 우리의 영적인 눈은 희미해지고, 죄인 것과 죄가 아닌 것을 뚜렷하게 구별할 수 없게 됩니다. 그 때부터는 죄를 대하는 우리의 태도는 세상적인 사람들과 본질적으로 똑같아집니다. 그들은 자신들에게 극히 위험하고 불리한 결과들을 초래할 것이 뻔한 죄들만을 경계하고 저지르고자 하지 않습니다.

그러나 그런 사람들일지라도 그리스도인으로서의 자신들의 평판을 잃고자 하지는 않기 때문에, 가능한 한 자신들의 세상적인 마음과 생각을 숨기려고 애씁니다. 기도 모임에서나 대화할 때에나 자신의 속마음과는 다른 말들을 사용합니다. 공허한 말들과 외식하는 모습은 이제 그들의 마음속에 그나마 조금 남아 있던 기도생활의 불씨조차도 꺼뜨려 버리려고 합니다.

이 모든 것은 기도생활에 문제가 생겼을 때에 생겨난 결과이고, 이런 것보다 훨씬 더 심각한 일들도 일어나게 됩니다. 그리고 이것은 많은 신자들의 삶 속에서 실제로 일어나는 일입니다.

기도와 관련해서 내가 다른 많은 사람들과 함께 겪었던 이러한 서글픈 경험들로 인해서 나는 그동안 많은 것들을 생각하지 않을 수 없었습니다. 이 시점에서 나는 내가 생각했던 것들 중에서 몇 가지를 여러분에게 환기시키고자 합니다.

나는 기도와 관련해서 우리가 겪는 어려움들 중 대부분은 기도를 제대로 올바르게 하지 않기 때문이 아닌가 하고 자문해 왔습니다. 기도는 세심한 주의를 기울여서 사용해야 하는 예민하고 민감한 도구입니다. 기도를 제대로 올바르게 사용하는 것은 위대한 기술이고 신성한 기술입니다. 기도의 기술보다 더 위대한 기술은 아마도 없을 것입니다.

다른 기술들을 제대로 해내려면 선천적으로 타고난 대단한 재능이 있어야 하고 오랜 기간 동안 많은 돈을 들여서 많은 것들을 배우고 익히는 과정이 필요합니다. 하지만 다행히도 기도의 기술은 그렇지 않습니다. 타고난 대단한 재능도 필요 없고 많은 지식이나 돈이 필요한 것도 아닙니다. 타고난 재능이 별로 없고 교육도 받지 않은 가난한 사람도 기도라는 신성한 기술을 계발할 수 있습니다.

하지만 기도의 기술을 익히는 데에도 몇 가지 요구되는 것들이 있습니다. 크게 두 가지인데, 하나는 훈련이고 다른 하나는 끈기와 인내입니다. 훈련이 없이는 그 어떤 그리스도인도 진정으로 기도의 사람이 될 수 없습니다. 그리고 훈련은 끈기와 인내 없이는 이루어질 수 없습니다.

기도와 관련해서 내가 앞에서 말한 고통스럽고 실망스러운 경험들은 의심할 여지 없이 우리 중 대다수에게 꼭 필요합니다. 그런 것들은 우리가 기도를 제대로 해 내는 숙련가가 되기 위해서는 반드시 거쳐야 하는 피할 수 없는 단계들입니다. 그런 것들은 좀 더 제대로 된 기도생활을 영위하기 위해 필수불가결한 요소인 저 훈련의 일부입니다.

그렇기 때문에 나는 우리가 그러한 고통스러운 경험들을 너무 비관적으로 바라보아서는 안 된다고 생각합니다. 분명히 그런 경험들은 우리가 그런 과정을 거치면서 고통과 괴로움을 겪을 당시에 생각한 것보다 더 큰 유익을 우리에게 가져다줍니다.

그러나 그런 경험들이 우리에게 유익이 되게 하려면, 우리는 무엇보다도 먼저 스스로 기만적으로 행하여 우리의 엉망인 기도생활을 변명하거나 합리화하려고 해서는 안 되고, 솔직하고 진실해야 합니다. 기도에 있어서 우리의 연약함을 인정해야 하고, 우리 자신의 노력으로는 해결할 수 없는 문제점에 직면해 있다는 것도 인정해야 합니다.

마치 기도가 자신의 존재의 일부인 것처럼 자연스럽게 기도하고, 날마다 자원하는 심령과 기뻐하고 감사하며 경배하는 마음으로 기도하는 것은 우리의 인간적인 역량과 능력을 훨씬 뛰어넘는 일입니다. 그렇게 하는 데는 날마다 하나님으로부터 오는 이적이 필요한데, 그 이적은 기도의 영을 받는 데 있습니다.

기도의 영은 우리에게 기도하는 것을 가르쳐 줍니다. 말씀과 매일의 기도 훈련을 통해서 그는 우리에게 진정한 기도의 사람이 되는 데 필요한 기도생활과 그 법칙들에 대한 신령한 통찰을 줍니다.

기도의 영은 우리가 기도와 관련해서 저질러 온 잘못들을 말씀에 근거해서 조금씩 깨우쳐 줍니다. 그는 우리가 기도와 관련해서 저질러 온 잘못들 때문에 우리의 기도생활이 힘들고 괴로운 일이 되어 버린 것임을 보여 주고, 아울러 기도의 참된 의미가 무엇이고 어떻게 기도해야 하는지를 보여 줍니다. 차츰 우리는 올바르게 기도하는 법을 익혀가게 됩니다.

어떤 도구를 익숙하게 사용하게 되려면 거쳐야 하는 과정이 있듯이, 기도도 마찬가지입니다. 그 도구를 잘못 사용하는 동안에는 그 도구를 사용하는 것 자체가 힘들고 괴로운 일이고, 게다가 그 도구의 효율성도 떨어집니다. 우리는 어떤 사람이 마치 자기가 삽이라는 도구를 아주 잘 사용할 줄 안다는 듯이 자신만만하게 삽을 들고 작업을 시작하지만, 사실 그 사람은 삽을 거꾸로 들고 삽질을 하고 있는 것을 봅니다.

한참을 일한 후에 그는 '삽을 사용해서 일하는 것은 어려운 일이어서, 삽으로는 많은 것을 해 낼 수 없어'라고 중얼거립니다.

우리가 다가가서 그에게서 삽을 받아들고서 삽질을 어떻게 하는 것인지에 대해 시범을 보여 줍니다. 그는 우리가 보여 준 대로 다시 한 번 한참 삽질을 하고 나서, 이번에는 "삽질을 하는 것이 아주 쉬워서 삽으로 많은 일을 할 수 있겠군"이라고 감탄합니다.

삶의 모든 일에는 나름대로의 법칙들이 있습니다. 그 법칙들을 따랐을 때, 수월할 삶을 살 수 있게 되고, 그 삶은 건강하고 튼튼하게 되며, 풍성한 열매를 거둘 수 있습니다.

기도생활에도 법칙들이 있습니다. 우리가 그 법칙들을 어기고, 기도의 의미와 본질을 거슬러서 정반대로 기도한다면, 우리의 기도생활은 괴롭고 힘든 일이 되고 열매도 없게 될 것입니다. 그러나 기도를 지배하는 법칙들, 즉 하나님이 친히 우리에게 기도라는 방편을 주시면서 함께 주신 그 법칙들을 발견하고 따른다면, 우리의 기도생활은 건강하고 정상적인 것이 되고 풍성한 열매를 맺게 될 것이고, 그것은 우리에게 더 많은 기도를 하고 싶어 하는 동기를 부여해 줄 것입니다.

기도가 우리 중 대다수에게 그토록 힘들고 괴로운 일이 된 것은 우리가 제대로 올바르게 기도하지 않았기 때문이고, 기도에 들인 노력과 수고에 비해 결과가 신통치 않았던 것도 그 때문입니다. 또한, 의심할 여지 없이 그것은 기도하는 사람들 중 대다수로 하여금 기도하기를 소홀히 하고 태만히 하게 만든 원인이기도 합니다.

사람들은 속으로 이렇게 생각합니다: '기도한 것이 내게 유익을 가져다 준 적이 있던가? 나는 기도했지만, 내 삶 속에서는 아무 일도 일어나지 않았고, 나의 내면생활이나 외적인 삶에 아무런 변화도 없었다. 성경에서는 기도 없이는 그리스도인이 될 수 없다고 말씀하고 있는 것을 알기 때문에, 나는 계속해서 기도할 수밖에 없다. 그러나 기도를 한다고 해서 어떤 일이 이루어진 것을 나는 본 적이 없다.'

기도의 사람이 정직하게 그렇게 인정할 때, 그는 기도의 영이 기도라는 신성한 기술과 관련해서 우리에게 가르쳐 주기를 진정으로 원하는 교훈을 받을 준비가 되어 있는 것입니다. 나는 성령이 말씀을 통해 우리에게 가르쳐 주시는 대로, 우리가 기도할 때에 아주 흔히 범하는 잘못들 중 몇 가지를 말씀드리고자 합니다.

1. 우리는 우리가 하나님이 우리의 기도를 이루시는 것을 도와야 한다고 생각합니다.

그러나 이것은 하나님의 의도가 결코 아닙니다. 우리가 기도하면, 하나님은 우리의 기도를 들으시고 이루십니다. 하나님은 우리의 기도를 듣고 이루시는 데 우리로부터 그 어떤 도움도 필요로 하지 않습니다. 나는 나의 독자들 중 일부가 "우리도 그것을 아주 잘 알고 있습니다"라고 말하는 것을 듣습니다. 하지만 알고 있다는 것을 너무 확신하지 마십시오!

왜냐하면 우리는 하나님이 우리의 기도에 응답하시는 것을 우리가 우리의 기도를 통해 어느 정도 도와야 한다는 생각에 상당한 정도로 영향을 받고 있는 것이 사실이기 때문입니다. 적어도 우리는 하나님이 우리의 기도에 어떤 식으로 응답하셔야 하는지를 하나님께 알려 드려야 한다고 생각합니다. 우리는 명시적으로 분명하게 그렇게 표현하지 않더라도, 이렇게 생각합니다: '사랑하는 하나님, 내가 당신에게 간절하게 구하는 것은 바로 이것입니다. 이것을 이루어 주시는 것이 어렵다는 것을 나도 알지만, 당신이 이러저러하게 행하고자 하신다면, 그것을 이루실 수 있을 것입니다.'

내가 이런 식으로 신랄하게 얘기하면, 여러분 중에서 어떤 분들은 "기도하는 사람들은 기도로 하나님과 대화하면서 아무도 그런 식으로 생각하지 않습니다"라고 반론을 제기할 것이 틀림없습니다.

그러나 자기 자신을 제대로 잘 살피는 법을 아는 사람들은 누구나 내가 이렇게 말하는 것이 결코 과장이 아니라는 것을 무조건적으로 인정하고 어떤 이의도 제기하지 않을 것입니다. 기도가 그토록 힘들고 괴로운 짐이 되고 늘 기도로 인해 피곤함을 느끼는 이유는 바로 그러한 생각 때문입니다.

우리의 매일의 기도생활에서 한 가지 예를 들어 보겠습니다.

우리가 어떤 두 사람을 위해서 기도하면서, 그들이 죄의 잠에서 깨어나 회심하게 해 주시라고 기도한다고 합시다. 그런데 그들 중 한 사람을 위해 기도하는 것은 쉬운데, 다른 한 사람을 위해 기도하는 것은 그렇게 쉽지가 않습니다. 왜 그렇습니까?

그것은 우리가 전자에 해당하는 사람은 타고난 성품이나 인격수양이나 기질로 보아 회심하기가 비교적 쉽겠다고 생각하기 때문입니다. 달리 말하면, 우리는 하나님이 우리의 기도를 이루어 주실 가능성이 현실적으로 꽤 있다고 생각되는 경우에는 기도하기가 쉽다는 것입니다.

반면에, 우리는 후자에 해당하는 사람은 타고난 성품이나 인격수양이나 기질로 보아, 하나님 앞에서 낮아져서 자신의 모든 죄를 고백하고 온 마음으로 죄를 끊어 버리고서, 십자가에 못 박히신 그리스도의 수치와 이 땅에서 멸시받을 만한 신자들의 작은 무리를 진심으로 받아들이기가 불가능할 것이라고 생각합니다.

그래서 우리는 우리가 이 사람을 위해 기도한다고 해도 하나님이 우리의 기도에 응답해 주실 수 있는 현실적인 가능성이 없다고 생각하기 때문에, 그런 사람을 위해 기도하는 것이 힘들게 느껴지게 됩니다.

기도의 영은 우리의 기도를 이루는 것이 하나님에게 어려울 것인가 쉬울 것인가 하는 생각을 처음부터 아예 하지 말라고 우리에게 가르칩니다. 우리가 그런 생각을 하든 안 하든, 그런 것은 하나님이 우리의 기도를 들으시고 응답하시는 데 아무런 영향을 미치지 않습니다. 그뿐만이 아니라, 그런 생각을 하는 것은 하나님이 우리에게 관심을 가지라고 결코 요구하지 않은 일이고 우리가 상관하지 말아야 하는 일인데도 괜히 그런 일에 우리의 힘을 소모하는 것이기 때문에, 우리의 기도생활에 파괴적이고 해로운 악영향을 미칩니다.

이 기도의 비밀은 오래 전에 내가 갈릴리 가나에서의 혼인 예식에 관한 즐거운 작은 기사(요 2:1-11)를 읽고 있을 때 내게 아주 분명해졌습니다.

예수님과 어머니 마리아, 그리고 그의 제자들이 이 혼인 예식에 초대를 받았습니다. 아마도 이 혼인 예식을 치르는 가족은 예수님의 가족과 아주 가까운 친척이었거나 아주 친하게 지내는 집이었을 것임에 틀림없습니다. 그래서 혼인 잔치가 한창 진행되는 동안에 포도주가 떨어져서 아주 곤란한 상황이 발생하자, 그 혼인 잔치를 주관하던 사람이 예수님의 어머니에게 그 사실을 알렸을 것입니다.

이 일을 계기로 예수님의 어머니는 참된 기도의 사람으로서의 자신의 면모를 드러냅니다.

첫 번째로, 그녀는 자기가 알게 된 곤경을 해결해 줄 수 있는 사람을 찾아가는데, 그 사람은 예수님입니다. 그녀는 예수님에게로 가서 그에게 모든 것을 다 고합니다.

두 번째로, 그녀가 예수님에게 무슨 말을 했는지를 눈여겨보십시오. 그녀가 예수님에게 한 말은 아주 간단한 몇 마디 말이었습니다: "저들에게 포도주가 없다." 이것은 기도가 무엇인지를 보여 줍니다. 기도한다는 것은 예수님에게 우리에게 무엇이 결핍되어 있는지를 아뢰는 것입니다. 중보기도를 한다는 것은 다른 사람들에게 무엇이 결핍되어 있는지를 예수님에게 아뢰는 것입니다.

세 번째로 우리가 주목해야 할 것은, 그녀는 더 이상 아무것도 하지 않았다는 것입니다. 그녀는 혼인 잔치를 치르고 있는 자신의 친구가 어떤 곤경에 처해 있는지를 예수님에게 고하고 나서는, 이 곤경과 관련해서 자기가 더 이상 해야 할 일은 아무것도 없다는 것을 알았습니다. 그녀는 자기가 예수님에게 이렇게 했으면 좋겠다든가 저렇게 하면 해결될 것 같다든가 조언함으로써 예수님을 도와야 한다고 생각하지 않았습니다. 그녀는 예수님을 알았고, 이 곤경이 그 해결을 위해 가장 적절한 손에 이미 맡겨졌다는 것을 알았습니다. 그녀는 그를 알았습니다. 그녀는 오직 예수님만이 이 일을 어떻게 해결해야 하는지를 알고 계신다는 것을 알았습니다.

또한, 그녀는 자기가 예수님에게 영향을 끼치려 해서도 안 되고, 그가 이 집에 도움의 손길을 베풀도록 그를 설득하려고 해서도 안 된다는 것을 알았습니다. 예수님만큼 이 곤경을 해결해 주고 싶어 하시는 분은 아무도 없다는 것을 알고 있었기 때문이었습니다!

네 번째로 우리가 주목해야 할 것은, 마리아는 예수님에게 이 집의 곤경을 그대로 고한 것으로 자기가 해야 할 일은 다했다는 것입니다. 그녀는 이 문제를 예수님에게 맡겨 드렸기 때문에, 이 문제와 관련해서 그녀의 편에서 해야 할 일은 다한 것이었습니다. 말하자면, 그녀는 이제 더 이상 이 곤혹스러운 상황에 대해서 자신의 책임을 다했기 때문에, 이제 무슨 일이 일어나더라도 그녀에게는 아무런 책임도 없게 되었습니다. 이 문제와 관련된 책임은 예수님에게 옮겨갔습니다. 이 집을 도울 방법을 찾는 것은 이제 전적으로 예수님의 몫이 되었습니다.

그녀는 예수님이 물을 포도주로 변화시키는 것을 이전에 결코 본 적이 없었습니다. 그래서 예수님이 그런 방법으로 이 곤경을 해결하실 것이라고는 전혀 생각하지 못했을 것입니다. 아니, 그녀는 단지 그런 방법만을 생각하지 못한 것이 아니라, 이 상황을 어떤 식으로 타개해야 하는지에 대해서 전혀 생각하지 않았을 것입니다. 왜냐하면, 그녀는 예수님을 잘 알고 있었고, 그가 아무런 문제 없이 이 곤경을 해결하실 것임을 알고 있었기 때문이었습니다. 실제로 예수님이 이 곤경을 해결하기 위해 선택한 방식은 그녀가 생각지도 못했던 것이었습니다. 적어도 그녀는 이 곤경을 어떤 식으로 해결해야 할지를 생각하느라고 시간이나 힘을 소모하지 않았습니다.

진정으로 올바르게 기도하는 사람이 여기 있습니다!

나는 우리가 예수님의 어머니가 여기에서 몸소 보여 준 기도라는 신성한 기술의 단지 이 측면만을 알기만 해도 지금과는 판이하게 달라진 우리의 기도생활을 볼 수 있게 될 것이라고 생각합니다.

우리 중 대다수에게 기도가 힘들고 괴로운 짐이 되는 이유는 기도는 우리나 다른 사람들에게 무엇이 결핍되어 있는지를 예수님에게 그대로 아뢰는 데 있다는 것을 우리가 알지 못하기 때문입니다. 우리는 그것으로는 충분하지 않다고 생각합니다. 우리는 본능적으로 기도한다는 것이 그렇게 쉬운 일일 리가 없다고 생각합니다. 그래서 우리는 거의 매번 기도를 마치고 나서는 무거운 마음으로 그 자리를 떠납니다: "하나님이 내가 드린 기도를 들으시는 것이 과연 가능한 일이긴 한 것일까? 하나님이 나의 미천한 간구에 귀 기울이고자 하실까? 내게는 모든 것이 너무나 불가능해 보이는데, 어떻게 그런 일이 있을 수 있겠는가?"

그런 후에 우리는 불안해하고 걱정하는 상태에서 과연 우리의 기도에 하나님이 응답하시는지를 예의주시하면서 살아갑니다. 그리고 시간이 좀 지나도 응답이 오지 않으면, 우리는 하나님의 응답을 받기 위해서는, 우리가 하나님 앞에서 이미 기도한 것 외에 추가로 무엇인가를 해야 한다고 생각합니다. 하지만 추가로 해야 하는 것이 무엇인지에 대해서는 우리의 마음과 생각 속에서 확실히 알지를 못합니다. 그리고 이러한 불확실성이 우리의 내면에 염려와 걱정을 불러일으켜서, 우리에게 기도가 너무나 고통스럽고 괴로운 일로 느껴지게 됩니다. 우리 또는 우리가 사랑하는 어떤 사람들이 큰 곤경 가운데 있어서, 하나님이 우리의 기도에 반드시 응답해 주셔야 한다는 절박감에 사로잡혀 있는 경우에는 특히 더욱 그렇습니다.

하지만 우리가 마리아처럼 예수님을 아주 잘 알게 되어서, 우리의 어려움들을 예수님께 맡긴 후에는 안심하고 아무 걱정도 하지 않는 법을 배웠을 때에는 모든 것이 변하게 됩니다. 이런 식으로 예수님을 아는 것은 모든 참된 기도의 전제조건입니다. 그러므로 기도의 영이 우리에게 가르치고자 하는 것이 바로 그것입니다. 그리스도가 어떤 분이신지를 우리에게 알게 하고 그리스도를 영화롭게 하는 것이 성령의 일입니다(요 16:14).

우리가 예수님을 그런 식으로 점점 더 잘 알게 될 때, 우리의 기도는 우리 자신의 곤경이든 다른 사람들의 곤경이든 우리의 마음과 생각에 있는 것들을 놓고서 우리의 가장 선한 친구이신 예수님과 신뢰 가운데서 평안한 마음으로 복된 대화를 나누는 것이 됩니다. 우리는 예수님이야말로 우리가 잘되기를 그 누구보다도 더 간절하게 원하실 뿐만 아니라 우리에게 가장 좋은 것이 무엇인지를 아시는 분이라는 것을 알기 때문에, 우리의 크고 작은 어려움들을 예수님에게 맡겨 드림으로써 놀라운 평안을 경험하고 안심하게 됩니다.

특히 우리가 우리의 곤경이나 결핍을 예수님에게 아뢴 후에 진정으로 우리가 해야 할 일을 다했다는 생각이 들기 시작할 때, 우리의 기도생활은 편안한 것이 될 것입니다. 그렇게 되었을 때, 우리는 예수님에게 진정으로 맡긴 것입니다. 좀 건방지고 유치한 표현을 사용하자면, 그 때부터는 모든 책임은 예수님에게 있습니다. 그러나 그것은 사실입니다!

하나님의 성령이 이 비밀을 우리에게 가르치는 일에서 성공하였을 때, 우리의 기도생활은 우리가 전에 기도할 때마다 느꼈던 저 내면의 불안과 걱정으로부터 상당 부분 해방되는 것은 물론이고, 이제는 기도한 후에 새로운 평안을 경험하게 될 것입니다. 우리는 우리의 문제를 예수님의 손에 맡겨 드렸기 때문에, 이제 예수님의 어머니처럼 안심하고 편안한 마음으로 우리가 일상적으로 해야 하는 일들로 돌아올 수 있습니다. (우리는 이 장에서 나중에 "기도 가운데서 씨름하기"에 대하여 다룰 때 쉬지 않고 끈기 있게 기도하는 문제로 다시 돌아갈 것입니다.) 예수님은 우리의 문제를 받으셔서 우리의 소원들을 이루어 가고 계십니다.

우리는 전에는 기도를 마친 후에도 여전히 염려와 걱정을 하며 지냈지만, 이제는 우리의 문제를 예수님의 손에 맡기고 나서는 흔히 어린아이처럼 호기심 어린 눈으로 그 문제가 어떤 식으로 해결되는지 그 추이를 지켜보는 우리 자신을 발견하게 될 것입니다. 우리는 속으로 이렇게 말할 것입니다: '예수님이 이 난제를 어떻게 해결하시는지를 지켜보는 것은 흥미로운 일이 될 것이다.'

2. 우리는 하나님에게 우리가 지시하는 것을 행하시도록 명령할 목적으로 기도를 사용합니다.

이것은 우리가 기도에서 아주 흔하게 저지르는 두 번째의 큰 잘못입니다. 하나님은 우리에게 그런 목적으로 기도를 주신 것이 결코 아닙니다. 하나님은 우리가 하나님에게 지시하는 것을 허락하지 않으십니다. 하나님은 우리가 하나님을 책상 앞에 앉혀 놓고 주먹으로 그 책상을 쾅쾅 두드리며 우리가 요구하는 것을 행하시게 강요하는 데 사용하도록 하기 위해 우리에게 약속들을 주시거나 기도의 특권을 주신 것이 아닙니다.

가나에서의 혼인 잔치로 다시 돌아가서, 사건이 어떤 식으로 진행되었는지를 좀 더 살펴보겠습니다. 예수님의 어머니는 또다시 우리에게 올바르게 기도하는 것이 어떤 것인지에 대해서 잊지 못할 교훈을 줍니다.

앞에서 보았듯이, 그녀는 예수님을 향하여 "저들에게 포도주가 없다"고 고하였습니다. 그러나 그녀에게 돌아온 대답은 냉정하고 모호한 것이었습니다. 적어도 우리에게는 그렇게 보입니다. 예수님은 "여자여 나와 무슨 상관이 있나이까 내 때가 아직 이르지 아니하였나이다"라고 대답하셨습니다.

우리가 그런 대답을 받았다고 한 번 상상해 보십시오. 여러분은 그런 대답에 어떤 반응을 보였을 것이라고 생각합니까? 나는 우리가 이렇게 대답했을 것이라고 생각하고, 실제로 우리는 너무나 자주 그런 반응을 보여 왔습니다: "그럼 그렇지. 기도하라고 하니까, 나는 기도하지만, 내가 기도해도 주님은 내게 아무런 관심도 주지 않아." 그리고 우리는 낙심해서 우리의 일터로 돌아가곤 합니다.

그러나 예수님의 어머니를 보십시오.

그녀에게 돌아온 대답은 냉정한 것이었고, 그것은 정말 아주 냉정한 대답이었습니다. 나는 예수님이 그렇게 냉정하게 대답한 이유는 그때에 강력한 시험을 받고 있었기 때문이었을 것이라고 믿습니다. 그리고 그 시험은 그의 어머니로부터 온 것이었습니다.

그녀는 예수님에게 와서, 그녀가 사랑하는 이 집이 겪고 있는 곤경을 고하였습니다. 포도주가 다 떨어졌다는 것을 손님들이 아무도 알아차릴 수 없게 하기 위해서는 신속한 조치가 필요했습니다. 그것은 예수님이 자신의 "때"가 이르기 전에 행동하도록 시험하는 것이었습니다.

예수님은 아버지 하나님에게 철저히 의지하고 순종하는 삶을 사셨기 때문에, "아무 것도 스스로 할 수 없었습니다"(요 5:19). 아버지의 뜻을 행하고자 할 때에는 언제나 아버지께서 정하신 때를 기다려야 했습니다. 요한복음 7:3-6을 보십시오. 거기에서 예수님은 자신의 동생들에게 이렇게 말씀하십니다: "내 때는 아직 이르지 아니하였거니와 너희 때는 늘 준비되어 있느니라."

이 때에 예수님은 아버지께서 정해 주신 때를 기다리지 않고 그 전에 이 일에 개입하고자 하는 유혹을 느꼈고, 그것은 시험거리였습니다. 이것이 이렇게 특히 그에게 시험이 된 것은 그의 어머니가 그에게 요청한 일이었기 때문이었습니다. 예수님은 어머니의 모습으로 자기 앞에 나타난 "시험하는 자" 사탄의 모습을 즉시 알아보셨고, 그래서 "여자여"라는 냉정한 말로 사탄을 단칼에 물리치셨습니다. 이렇게 함으로써 예수님은 이것은 아버지 하나님이 정하신 뜻과 시간의 문제이기 때문에, 어머니로서의 그녀의 입장은 고려대상이 될 수 없다는 것을 자기 어머니에게 분명히 알게 하신 것입니다. 예수님이 마리아에게 이렇게 냉정하게 말씀하신 것은 나중에 예수님이 자신의 죽음에 대하여 말씀하실 때 베드로가 자기는 결코 예수님을 죽으시게 내버려 둘 수는 없다고 선한 의도로 강력하게 만류하자 예수님이 그에게 "사탄아 내 뒤로 물러 가라"고 냉정하고 단호하게 말씀하신 것과 정확히 맥을 같이합니다(마 16:23).

예수님의 어머니는 냉정하고 신랄한 대답을 받았지만, 바로 그 때에 자기가 아주 잘 훈련된 기도의 사람이라는 것을 드러내었습니다.

첫 번째로, 그녀는 예수님의 냉정한 대답에 겸손히 순복하였습니다. 불만이나 항변을 드러내는 말은 그녀의 입에서 단 한 마디도 나오지 않았습니다. 예수님이 이렇게 냉정하게 대답하신 이유가 무엇이었는지를 그녀가 알았는지의 여부는 성경에 나오지 않습니다. 그러나 그 이유를 알았든 알지 못했든 그녀는 예수님의 말씀을 그대로 순순히 받아들였습니다. 그녀는 자기에게 이해가 되든 이해되지 않든 예수님의 말씀이 바르고 합당하다는 것을 알았습니다.

두 번째로, 우리가 주목해야 할 것은 그녀에게 돌아온 것은 냉정한 대답이었지만, 예수님이 그녀의 기도를 들으셨고 그 기도에 응답하셔서 이 곤경을 적절하게 해결해 주실 것이라는 그녀의 확신에는 흔들림이 없었다는 것입니다. 그녀는 그것을 확신하였기 때문에, 곧장 하인들에게 가서, "너희에게 무슨 말씀을 하시든지 그대로 하라"고 당부를 해 두었습니다. 이제 무슨 일이 일어나게 될 것인지에 대해서는 그녀도 알지 못했습니다. 그러나 어떤 일이 일어나게 될 것임은 그녀가 알고 있었던 것입니다. 왜냐하면 예수님이 이 곤경을 자신의 손에 맡으셨기 때문입니다.

세 번째이자 우리가 지금 다루고 있는 주제와 관련해서 우리에게 가장 중요한 것은, 그녀는 예수님에게 명령해서 그가 말씀하였던 자신의 "때"를 바꾸고자 하는 시도를 전혀 하지 않았다는 것입니다. 이 때 쯤에 그녀는 이미 예수님을 너무나 잘 알고 있었기 때문에, 그런 식의 시도를 하려는 생각은 아예 하지 않았습니다.

전에 그녀가 나사렛에서 예수님과 오랜 기간 함께 사는 동안에 그런 시도를 했었는지에 대해서는 우리가 알지 못하지만, 그녀가 우리와 성정이 닮았다면, 그런 시도를 많이 했었다고 해도, 그것은 전혀 이상한 일이 아닐 것입니다. 그러나 그녀는 예수님에게 즉시 개입해 달라고 간청하거나 매달려도 아무 소용이 없다는 것을 점차 깨달았을 것입니다. 예수님에게는 자신의 "때"가 있었고, 아무도 그것을 바꿀 수는 없었습니다. 설령 그의 어머니라도 말입니다.

예수님의 어머니가 성공적인 기도의 이 비밀을 배웠다는 것을 주목하십시오. 우리가 기도할 때 하나님께 전적으로 맡기고 우리 자신이 개입하지 말아야 하는 것이 있는데, 그것은 하나님이 우리의 기도를 "언제" "어떻게" 이루어 주실 것인가 하는 것입니다. 우리는 그것을 하나님이 결정하시도록 온전히 맡겨야 합니다. 달리 말하면, 우리가 기도할 때에는 하나님이 우리의 기도를 들어 주시는 "때"와 "방법"에 대해서는 우리의 속내를 넌지시 비치며 하나님께 영향을 끼치려고 해서도 안 되고, 우리가 결정한 대로 해 달라고 떼를 쓰고 졸라서는 더더욱 안 됩니다. 만일 우리가 그런 식으로 기도한다면, 그것은 기도의 본질 자체를 짓밟고, 기도생활을 지배하는 법칙들을 짓밟는 것이 됩니다.

우리 중 대다수는 이것과 관련해서 배울 것이 아주 많습니다.

우리는 늘 지나치게 성급하고 참을성이 없는데, 기도할 때에 특히 그렇습니다. 우리나 우리가 사랑하는 사람이 절박한 곤경에 처해 있을 때에는 특히 더 말할 것도 없습니다. 그럴 때면 우리는 득달같이 하나님 앞으로 달려 나가서 우리의 사정을 아뢰고 지금 당장 개입해 주실 것을 간청하고 기대합니다. 우리가 사랑하는 사람들의 사정이 절박하고 그들을 사랑하는 우리의 마음이 특별할 때에는, 우리의 기도는 더욱 담대해지고 아주 집요하고 끈질기게 됩니다. 그리고 자주 우리는 하나님이 개입해 주실 것이라는 놀라운 확신도 갖습니다.

하지만 우리의 담대하고 집요하며 끈질긴 기도에 우리의 참을 수 없어 하는 기질이 슬그머니 더해져서, 우리는 하나님이 우리의 기도에 응답하시기 위해서는 이러저러하게 하셔야 한다고 응답 전체를 스스로 계획합니다. 그것은 우리에게 아주 쉬워 보입니다. 이 상황에서 하나님이 우리의 기도에 응답하려고 하시면 오직 이 한 가지만 하시면 되고, 그 응답은 지금 즉시 이루어져야 하고, 우리가 계획한 정확히 그 방식대로 이루어져야 한다고 생각합니다.

우리는 기도하며 하나님과 함께했던 우리의 거룩한 시간을 마치고 그 자리를 떠나서는, 하나님으로부터의 응답이 즉시 오기를 기다리며 매 시간마다 우리의 기도가 이루어졌는지를 확인해 봅니다. 그러나 아무 일도 일어나지 않습니다. 우리로 하여금 기도하게 만들었던 저 질병과 곤경은 아무런 변화 없이 착착 진행되어 가고, 전능자의 손길은 그 질병과 곤경의 광분한 질주를 전혀 멈춰 세우지 못하는 것으로 보입니다!

그런 경험들을 한 후에는 우리의 기도생활 위에는 참담한 실망들과 낙심과 피곤함이 엄습해 옵니다!

또다시 우리는 기도를 사용해서는 안 될 것에 우리의 기도를 사용하고 말았습니다. 우리는 기도생활을 지배하는 법칙들을 짓밟는 기도를 하고 말았습니다. 그리고 그렇게 기도함으로써 벌어지게 된 결과들은 피할 수 없습니다. 또다시 기도는 우리에게 정말 너무나 힘들고 괴로운 일이 되어 버렸습니다. 그리고 우리는 기도하는 일에 넌더리가 나기 시작합니다.

이제 우리가 어디에서 잘못했고 무엇을 놓쳤는지를 주목해 보십시오.

하나님이 우리의 기도를 듣지 않으셨습니까? 아닙니다. 하나님은 우리의 기도를 들으셨고, 즉시 그 기도를 이루시기 위한 조치에 착수하셨습니다. 다만 하나님은 우리의 기도에 언제 그리고 어떻게 응답하실 것인지를 결정하는 권한을 자신의 수중에 두셨을 뿐입니다. 그리고 그 응답은 하나님이 정하신 때에 왔습니다.

하지만 우리는 그것이 우리의 기도에 대한 응답인지를 알지 못합니다. 우리는 바로 그것을 위해 우리가 기도했었다는 사실을 이미 오래 전에 잊어버렸습니다. 그래서 그것이 우리가 전에 기도했던 것에 대한 응답이라는 사실을 알아차리지 못합니다. 우리는 전에 그 기도를 했을 때 우리 나름대로 응답이 이러저러하게 와야 한다고 아주 분명하게 생각해 두었었고, 그런데도 우리가 계획한 대로 응답이 오지 않자, 하나님이 우리의 기도에 전혀 응답하지 않으신 것이라고 결론을 내리고서는 그 문제에서 손을 떼어 버렸습니다.

우리는 하나님으로부터 이런 식으로 수많은 응답들을 받아 왔다는 것은 의심의 여지가 없는데도, 그것들이 우리의 기도에 대한 응답들이라는 것을 알지 못하고 깨닫지 못하기 때문에, 거기에서 큰 기쁨과 유익을 얻지 못하는 것은 물론이고 무엇보다도 하나님께 감사하지 않습니다. 달리 말하면, 하나님이 우리의 기도에 수없이 응답해 주시는데도, 우리는 우리 자신의 기도들에 대한 하나님의 응답들을 알아보지 못하기 때문에, 원래는 차고 넘치게 풍성해져야 할 우리의 기도생활이 초라하고 보잘것없게 되어 버린다는 것입니다.

우리 모두가 기도의 영으로부터 배워야 할 것이 아직 많다는 것을 느낀다는 것은 의심의 여지가 없습니다. 하지만 우리는 기도의 이 작지만 중요한 비밀 하나만이라도 기도의 영으로부터 배울 수 있다면, 우리의 기도생활이 변화될 것이라고 느낍니다.

또한, 우리는 우리의 기도생활에서 이러한 결핍이 사실은 우리가 우리의 찬송받으실 주님을 신뢰하지 않기 때문에 생기는 것임을 깨닫습니다.

우리는 우리의 기도가 언제 그리고 어떻게 응답되어야 하는지를 우리가 주님보다 더 잘 안다고 생각합니다. 그런 생각을 갖고 있는 한, 우리의 기도는 하나님과의 힘겨운 씨름이 되어 버립니다. 왜냐하면 우리의 기도는 우리가 우리의 문제를 올바르게 보고 있는 까닭에, 하나님은 우리가 계획한 대로 응답하셔야 하고, 즉시 응답하셔야 한다는 것을 하나님을 상대로 설득시키는 장이 되기 때문입니다. 무의식적으로 우리는 이 점에서 우리가 옳다는 것을 하나님에게 확신시키는 데 기도를 사용합니다.

우리는 기도를 통해서 우리가 이렇게 간절하게 하나님을 설득하는데도 하나님이 우리의 요구를 들어주지 않으시고 자신의 뜻대로 하시면 어쩌나 하고 염려합니다. 나는 우리가 그런 식으로 기도하는 것만큼 우리의 기도생활을 힘들고 괴롭게 하나님과 씨름하는 장으로 만들어 버리는 것은 아무것도 없다는 것을 압니다.

그러므로 하나님이 우리의 기도에 언제 그리고 어떻게 응답하실 것인지에 대해서는 절대로 양보하지 않으시고 스스로 결정하신다는 것을 성령이 우리에게 가르쳐 주실 때, 우리가 그 가르침을 순순히 받아들이기만 하면, 우리는 기도할 때마다 쉼과 평안을 경험하게 될 것입니다. 그리고 우리가 하나님이 우리의 기도에 응답하실 "때"와 "방법"을 하나님께 맡겨 두어도 전혀 위험이 없다는 성령의 가르침을 받아들이면, 우리가 기도하는 시간은 늘 진정으로 쉼을 얻는 시간들이 될 것입니다.

그리고 우리의 기도를 들어주시는 것만이 아니라, 전능하시고 모든 것을 아시는 하나님이 이루어 내실 수 있는 가장 선하고 풍성한 응답을 주시는 것도 하나님의 뜻이라는 것이 우리의 눈에 들어오기 시작할 것입니다. 하나님은 우리에게 가장 유익이 되고 하나님의 영광이 가장 잘 드러나게 될 때에 맞춰서 응답을 주십니다. 그리고 하나님은 우리에게 가장 풍성하고 최선인 결과들을 가져다 주는 방식으로 우리의 기도에 응답해 주십니다.

우리의 매일의 기도생활에서 한 가지 예를 들어 보겠습니다.

우리는 우리가 사랑하는 사람들, 특히 아직 회심하지 않은 사람들을 위해서 기도합니다. 우리는 날마다 기도하고, 한 주간 한 주간 기도해 나가고, 해가 바뀌어도 기도를 계속해 나갑니다. 하지만 아무도 회심하지 않습니다. 어떤 변화가 있다면, 도리어 더 나쁜 쪽으로의 변화만이 있을 뿐입니다. 그들은 더 세상적이 되어 가고, 더 확고하게 죄를 고집하며, 하나님의 부르심에 더 무관심해져 갑니다.

의문이 고개를 듭니다: "하나님은 왜 나의 기도를 듣지 않으시는 것인가?" 하나님은 다른 많은 사람들의 기도들은 들어주시는 것처럼 보입니다. 예를 들면, 주위에 있는 믿는 부모들의 기도는 응답이 되어서 그들의 가정들에서는 모든 자녀들이 그리스도께로 돌아옵니다. 그런 일들은 나의 자녀들이 회심하지 않는다는 사실을 받아들이는 것을 한층 더 어렵게 만들고 이해할 수 없게 만듭니다.

그래서 당신은 하나님을 향하여 이전보다 더 열심으로 기도하게 되고, 당신의 기도는 거의 몸부림치는 수준이 되어서, 당신이 사랑하는 사람들을 구원해 주셔야 하고, 그것도 지금 당장 구원해 주셔야 한다고 하나님을 윽

박지릅니다. 그러나 그런 식으로 기도하고 난 후에는 당신이 제대로 올바르게 기도했다는 생각이 들지 않습니다. 기도하기 전에든 기도한 후에든 당신의 심령에는 평안도 없고 확신도 없습니다.

또다시 당신은 기도생활을 지배하는 법칙들을 정면으로 짓밟는 방식으로 기도하고 말았습니다. 그리고 그것이 당신이 기도하기가 그토록 힘들게 느껴지는 이유입니다. 당신은 당신이 사랑하는 사람들을 언제 그리고 어떻게 구원하셔야 한다고 스스로 정해서 하나님께 강요하는 데 기도를 사용했습니다.

우리가 사랑하는 사람들을 위해 중보기도를 하는 경우에, 그들을 언제 그리고 어떻게 구원할지를 하나님의 손에 전적으로 맡기는 법을 배웠을 때, 우리의 기도는 완전히 변화됩니다! 우리의 기도는 평안한 마음으로 하나님을 신뢰하는 가운데 대화를 나누면서, 우리가 그 사람들을 얼마나 사랑하는지, 그리고 그들이 하나님을 떠나 있어서 우리가 얼마나 걱정하고 있는지를 아뢰는 시간이 됩니다.

그럴 때에 당신은 당신의 은밀한 골방에서 놀랍고 기이한 일들을 보게 될 것입니다. 당신의 영원하신 대제사장이신 그리스도께서 무릎을 꿇으시고 기도하시는 모습이 당신의 눈 앞에 보이게 될 것입니다. 주님이 당신에게 자기 옆에 무릎을 꿇고 앉으라고 고갯짓을 하시는 모습이 보이고, 당신은 주님이 이렇게 말씀하시는 것을 듣게 될 것입니다: "네가 이 사람들을 사랑하는 것을 내가 알지만, 나는 그들을 훨씬 더 사랑한다. 나는 그들을 지었고, 그들의 죄를 위해 죽었으며, 거룩한 세례를 통해 그들을 받아들였다. 그들이 하나님의 자녀들로서 나와 교제하며 살아가는 동안만이 아니라, 나를 떠나서 죄의 삶으로 빠져든 동안에도 나는 내내 그들을 따라다녔다. 너와 내가 그들을 사랑하여, 그들이 천국에 들어갈 수 있도록 기도하고 있으니, 다만 끝까지 포기하지 않고 낙심하지 않으면 때가 되면 이룰 것이다."

당신이 사랑하는 사람들을 위해 기도하면서 예수님과 단 둘이서 은밀하게 대화하며 보내는 그런 시간들이 진정으로 복된 시간들이 될 것임은 두말할 필요도 없지 않겠습니까? 당신이 기도하는 사람들이 아무리 세상적이고 완악하다고 할지라도, 당신은 그런 기도 시간을 가진 후에는 소망 가운데서 평안한 마음으로 그 자리를 일어설 수 있습니다.

3. 우리는 예수님의 이름으로 기도한다는 사실을 잊어버립니다.

한동안 하나님과 함께 살아 온 모든 신자는 자신의 기도생활에서 여러 가지 복된 경험들을 합니다. 우리가 기도할 때, 하나님은 우리를 자신의 무릎 위에 올려놓으시고 그의 가슴에 품으시고서는 놀라워하는 우리의 심령에 말로는 표현할 수 없는 말씀들을 속삭이셨습니다. 그가 우리에게 하시는 말씀들은 사실 새로운 것이 아니고, 우리가 성경을 통해서 이전부터 익히 들어 왔던 진리들, 곧 십자가와 보혈과 죄인들을 향한 하나님의 무한하신 사랑 같은 것들이었습니다. 그러나 하나님이 우리의 심령에 직접 말씀하신다는 것이 달랐습니다.

우리의 마음은 이루 말할 수 없는 기쁨으로 충만해졌습니다. 우리는 이전에는 여기 이 땅에서 이토록 복된 경험을 할 수 있을 것이라고는 꿈에도 생각하지 못했었습니다.

우리는 기도하기 시작했고, 기도를 멈출 수가 없었습니다. 우리의 마음은 충만해졌고, 그런 충만한 마음으로 하나님과 대화를 나누는 것은 너무나 벅찬 기쁨이었습니다. 이제 기도하는 것이 쉬워졌습니다. 우리는 하나님과 아주 가까이 있었기 때문에 하나님을 분명하게 보았습니다. 우리는 하나님이 얼마나 선하신 분인지를 보았습니다. 그것이 우리가 우리의 죄들, 우리의 비통한 심정, 우리가 겪는 환난들, 우리의 가장 내밀한 고통과 두려움과 염려 같은 모든 것들을 하나님께 아뢸 수 있는 것이 너무나 기뻤던 이유입니다.

그리고 우리는 우리 자신과 관련된 그런 것들을 다 아뢴 후에는, 우리가 사랑하는 사람들의 곤경을 하나님께 아뢰기 시작했습니다. 그것도 마찬가지로 쉬운 일이었습니다. 우리가 사랑하는 사람들의 곤경을 하나님께 아뢰고 그들을 하나님께 맡겼을 때, 이렇게 마음이 편안하고 안심이 되는 것을 전에는 느껴 본 적이 없었습니다.

우리의 기도는 그것으로 끝나지 않았습니다. 우리가 생각했던 모든 것이 기도와 감사의 제목이 되었습니다. 우리의 친척들과 친구들, 믿는 사람들과 믿지 않는 사람들, 그리스도인으로서 해야 하는 온갖 다양한 일들을 하나님께 아뢰는 것이 이어졌습니다. 우리의 마음은 사랑으로 충만해져서 세상에서 염려되고 걱정되는 온갖 일들을 우리의 기도에 담아 하나님 앞으로 가져갔습니다.

우리는 속으로 말했습니다: '이제부터 나의 기도는 이전과는 달라질거야. 지금까지는 내가 기도의 복된 의미를 거의 깨닫지 못했어! 하지만 이제는 다를 거야.'

그리고 우리의 기도생활은 달라졌습니다. 그러한 달라진 기도생활은 단지 며칠이 아니라 몇 주가 지나도, 아니 몇 달이 지나도 계속되었습니다.

그러던 중에 어떤 일이 일어났습니다.

어느 날 기도하는데 우리는 한동안 지속적으로 경험해 왔던 기쁨과 열심을 느끼지 못하였습니다. 우리는 생각했습니다: '곧 회복이 될 거야. 그러니 지금은 내게 꼭 필요한 것들만을 위해 기도하고, 다른 사람들에 대한 중보기도는 열심이 다시 내 마음에 돌아왔을 때 하자.' 우리의 마음은 아주 나태해지고 밋밋해져서, 전에 그랬던 것처럼 이런저런 많은 것들을 위한 중보기도를 또다시 시작하는 것이 불가능해 보였습니다.

그러나 한동안 당신의 마음속에서 경험했던 저 복된 감정은 돌아오지 않았습니다. 점차 당신은 예전의 기도하는 방식으로 다시 돌아갔습니다.

이런 일이 왜 일어난 것입니까?

우리가 예수님의 이름으로 기도하는 법을 배우지 않았기 때문입니다. 하나님이 우리를 자신의 무릎에 앉히셨고, 우리의 마음이 하늘의 지극한 복으로 충만했을 때조차도, 우리는 예수의 이름으로 기도하는 법을 배우지 않았습니다. 우리는 우리 자신의 마음이라는 이름으로, 우리 자신의 사랑과 애타는 심정이라는 이름으로 기도했습니다. 이것은 나중에서야 아주 분명해졌습니다. 우리의 간절한 마음과 애타는 심정이 사라졌을 때, 전에 우리에게 있었던 기도에 있어서의 담대함도 사라졌습니다.

예수님의 이름으로 기도한다는 것은 기도에서 가장 심오한 신비일 것입니다. 따라서 기도의 영이 이것을 우리에게 설명해 주기가 극히 어렵고, 성령이 우리에게 가르쳐 준 것들 중에서 우리가 가장 잊어버리기 쉬운 것도 바로 그것입니다.

성경은 "그리스도의 비밀"(엡 3:4)이라고 말합니다.

예수님의 이름은 하늘과 땅에서 가장 큰 비밀입니다. 이 비밀은 하늘에서는 알려져 있지만, 땅에서는 대부분의 사람들에게 알려져 있지 않습니다.

아무도 이 비밀을 온전히 알 수 없습니다.

보십시오, 한 죄인이 하나님의 성령이 그에게 비춰 준 하늘의 빛 안에 서 있습니다. 그가 거기에서 더 오래 서 있을수록, 그에게는 그 자신의 죄들, 그의 지난 삶, 그의 추악한 생각들, 그의 회개하지 않는 마음, 하나님을 피하고 죄를 원하는 그의 모습이 점점 더 뚜렷하게 보입니다.

그는 자기가 하나님께로 돌아가야 한다는 것을 알지만, 그를 도와줄 이는 아무도 없습니다. 그러나 그가 하나님께로 더 가까이 다가갈수록, 상황은 더 나아지는 것이 아니라 더 악화되는 것처럼 보입니다. 그는 하나님은 자기처럼 모든 면에서 더럽고 정직하지 못한 자와는 상관하실 수 없으시다는 것을 느낍니다.

기도의 영은 그에게 이렇게 말합니다: "예수님의 이름으로 나아가라. 그 이름은 거룩하지 못한 사람들로 하여금 거룩하신 하나님 앞에 나아갈 수 있게 해 주기 때문이다."

그 죄인은 하나님이 자기를 받아 주실 수 없는 온갖 이유들을 열거하며 항변합니다. 그러나 얼마 후에 빛이 그의 영혼에 임합니다. 그는 예수님의 이름이 무엇을 의미하는지를 보기 시작하고, 자신의 모든 죄와 온통 더러움으로 가득하고 회개하고자 하지 않는 자신의 심령을 그대로 가지고 하나님의 임재 앞으로 나아갑니다.

그 때에 성령은 이렇게 말합니다: "네가 원하는 것이 무엇이든 이제 기도하라. 예수의 이름으로 너는 하나님의 임재 앞에 서 있는 것만이 아니라, 네게 필요한 모든 것을 기도해도 좋다는 허락을 받았기 때문이다."

그 죄인은 또다시 몇 가지 반론들을 제기합니다: "나는 기도할 수 없습니다. 내게는 믿음도 별로 없고, 사랑이나 간절함도 별로 없습니다. 내 마음은 신령하지 않고, 열심도 부족합니다."

성령은 그의 모든 반론을 잠잠히 경청하고 나서는 이렇게 말합니다: "네가 말한 것은 모두 옳다. 그렇기 때문에, 네가 네 자신의 이름으로 기도하고자 한다면, 네게는 소망이 전혀 없을 것이다. 그러나 다시 한 번 잘 들으라. 너는 예수님의 이름으로 기도하는 것이다. 네가 기도하는 것들이 하나님께 받아들여지는 것은 오직 예수님 덕분이다."

우리의 매일의 기도생활에서 예수님의 이름으로 기도하는 것만큼 중요한 것은 없습니다. 우리가 그렇게 하지 않는다면, 우리의 기도생활은 낙심과 절망으로 인해 죽어 버리게 되거나, 우리에게 주어진 의무이기 때문에 어쩔 수 없이 하는 일이 되어 버리고 말 것입니다.

모든 진실한 심령은 자신의 마음이 신령하지 못하고 세상적이라는 것과 자기 속에 믿음과 사랑과 간절함이 결여되어 있는 것을 보지만, 우리가 기도하기 위해서는 우리에게 결여되어 있다고 느끼는 그런 것들을 우리 자신의 힘으로 보충해서 우리 자신을 영적인 상태로 끌어올리는 것이 반드시 필요한 것이 아님을 아는 것은 우리에게 얼마나 큰 위로와 힘이 되는지 모릅니다. 또한, 우리는 우리의 작은 믿음이 가능한 한 큰 믿음인 것처럼 보이게 하려고 애쓸 필요도 없고, 우리의 식어 버린 열심을 다시 불붙게 하기 위해 우리의 마음속에 남아 있는 불씨를 살리려고 애쓸 필요도 없습니다.

우리는 기도하고자 할 때 그런 영적인 준비체조들을 할 필요가 없습니다. 우리가 해야 할 필요가 있는 것은 오직 한 가지뿐입니다: 우리의 상태, 우리의 믿음, 우리의 염려, 우리의 세상적이고 기도하기 싫어하는 마음을 있는 그대로 하나님께 아뢰고, 그런 후에 예수님의 이름으로 기도하십시오.

우리는 하나님 앞에 나아가서 이렇게 아뢰면 됩니다: "내게는 진정으로 기도하고자 하는 마음이 없기 때문에, 나는 하나님께 기도할 자격조차 없는 자입니다. 하물며 내가 기도로 구하는 것들을 하나님으로부터 받을 자격은 더더욱 없습니다. 주님, 주께서 보시는 내 심령 속에는 나와 나의 모든 간구들에 대하여 주님의 마음을 닫히게 할 것들로만 온통 들어차 있습니다. 그러나 나를 보아서도 아니고, 나의 기도로 말미암아서도 아니고, 심지어 나의 죄악됨의 결과로 내가 겪는 고통과 괴로움을 보아서도 아니고, 오직 예수님의 이름으로 말미암아 나의 기도를 들어주십시오."

이렇게 기도한 심령들은 까마득한 옛적부터 다음과 같이 기뻐 노래하였습니다:

오, 예수님, 당신의 이름이 내게 손짓하며 나를 부릅니다.
그 부르심에 의지하여 내가 당신께 나아가서
믿음과 사랑으로 당신을 붙들어서
내 마음 깊은 곳에 품습니다.

날마다 당신의 이름을 부릅니다.
내가 이 땅의 어느 곳을 떠돌지라도
당신의 이름은 나의 평안한 안식처입니다.
그 곳에서는 모든 슬픔과 근심이 내게서 떠나갑니다.

우리는 예수님의 이름으로 기도하는 것이 우리의 기도에서 빠져서는 안 되는 기도의 가장 중요한 부분이라는 것을 알았습니다. 그것은 스스로는 아무엇도 할 수 없는 무력한 심령이, 자기에게 은혜를 베풀어 곤경에서 벗어나게 해 줄 수 있는 유일한 친구를 간절히 바라보는 것입니다. 그렇게 기도했을 때에 놀라운 응답을 받는 이유는 우리가 예수님에게 문을 열어 드려서 우리의 무력함에 다가오실 수 있게 해 드렸다는 사실로만 설명될 수 있습니다. 우리는 앞에서 예수님은 자원하셔서 우리에게로 들어오셔서 자신의 능력으로 우리의 곤경을 해결하고자 하신다는 것을 보았습니다. 우리가 우리의 기도를 통해서 예수님을 압박해서 우리에게 관심을 가져 달라고 강요할 필요가 전혀 없습니다.

그것은 잘못된 방식으로 기도하는 것들 중의 하나입니다. 예수님이 우리의 기도를 들으시고 우리의 곤경에 개입하시는 이유는, 그가 아무런 자격도 없는 우리를 값없이 거저 사랑하시기 때문이고, 자신의 고난과 죽음을 통해 우리에게 필요한 모든 것을 우리를 위해 자신의 핏값으로 사서 확보해 놓으셨기 때문입니다. 그리고 예수님은 지금 언제든지 우리에게 그런 것들을 베풀어 주실 준비가 되어 있습니다. 그는 오직 한 가지만을 기다리고 계시고, 그것을 기다리셔야 하는데, 그것은 우리가 그에게 도움을 청하는 것입니다. 왜냐하면 예수님은 우리가 요청하지도 않는데 강제로 우리의 곤경에 개입하고자 하지 않으시고 개입하실 수도 없기 때문입니다. 우리 자신이 먼저 예수님에게 문을 열어야 합니다. 그리고 그것이 우리가 기도하는 유일한 목적입니다.

우리 모두에게는 우리가 우리의 기도를 통해서 하나님에게 영향을 미쳐서 우리에게 관심을 갖게 하고 우리를 좋게 보게 하여서 우리가 구하는 것들을 우리에게 주실 수 있게 할 수 있다는 생각이 깊이 박혀 있습니다. 이것은 우리 안에 있는 "이방인"이 고개를 드는 것입니다. 이방인들은 기도는 인간이 신들의 호감을 사서 신들을 움직여서 신들이 인간에게 줄 수 있는 것들을 주게 만들 수 있는 수단이라고 생각합니다.

이런 생각은 우리가 기도할 때에 일부러 그렇게 생각하려고 하지 않아도 우리의 뇌리 속에 섬광처럼 자주 떠오릅니다. 우리는 하나님이 우리 안에서 무엇인가를 보시고서 그것 때문에 우리의 기도에 응답해 주시는 것이라고 느낍니다. 우리는 우리가 우리 자신을 위해 어떤 것을 기도할 때 하나님이 우리 안에서 그것에 대한 우리의 간절함과 절박함과 불타는 소원을 발견하셔야만 응답해 주실 것이라고 생각하고, 우리가 다른 사람들을 위해 중보기도를 할 때에는 그 사람들에 대한 우리의 진심이 담긴 신령한 간절함이 우리의 기도 속에 있는 것을 보실 때에만 응답을 해 주신다고 생각합니다. 그래서 우리는 흔히 혼신의 힘을 다해 기도해서 우리가 구하는 것에 대해 우리에게 그런 태도가 갖추어져 있다는 것을 하나님에게 나타내 보임으로써 하나님의 눈도장을 받아내려고 애씁니다.

우리 중 대다수는 하나님께 기도할 때에는 목소리의 어조나 말투까지 달라진다는 것을 여러분은 틀림없이 눈치 챘을 것입니다. 갑자기 애절하게 호소하고 울먹이는 듯한 특이한 목소리로 변합니다. 어떤 사람들에게 그것은 순전히 가식적인 것입니다. 그러나 대다수의 사람들의 경우에는 단순히 가식적인 것이 아닙니다. 그들에게 그것은 하나님과 기도에 대한 옛 아담의 시각이 그대로 꾸밈없이 반영된 것입니다: '우리의 곤경이 얼마나 크고, 우리가 기도로 구하는 것을 받는 것이 우리에게 얼마나 절실한지를 하나님이 우리의 기도 속에서 느끼실 때, 하나님은 우리의 간청에 마음이 움직여지고 굴복하여 마침내 우리가 구하는 것을 들어주신다!'

하지만 우리가 성령으로부터 예수님의 이름으로 기도하는 법을 배우자마자, 그런 것과 관련해서 우리의 기도생활에서는 완벽한 혁명이 일어납니다. 성령은 우리가 기도할 때 열렬함과 간절함, 사랑과 믿음이 우리에게 결여되어 있는 것이 하나님이 우리의 기도를 응답해 주지 않으시는 이유가 아니라는 것을 분명하게 가르쳐 줍니다. 그런 것들이 우리에게 결여되어 있다는 것은 단지 우리의 무력함을 드러내 줄 뿐입니다. 그리고 앞에서 이미 보았듯이, 우리의 무력함은 기도에서 근본이자 토대를 형성합니다.

성령이 우리에게 우리 마음의 완악함과 나태함과 기도에 대한 무관심을 보여 줄 때, 우리는 이제 더 이상 염려하거나 당혹해하지 않게 됩니다. 도리어, 우리의 그러한 모습들은 우리의 기도에 추가적인 동기를 부여하는 요인들이 됩니다. 왜냐하면 그것들은 우리가 예수님에게 우리의 마음 문을 열어서 우리의 모든 곤경들과 무력한 것들에 다가오실 수 있도록 해야 할 필요성을 더욱 분명하게 보여 주기 때문입니다.

이제 새롭고 놀라운 일이 일어납니다. 우리가 기도하는 시간들은 우리의 지친 심령이 진정으로 안식하는 시간들이 됩니다. 그 시간들은 우리가 예수님의 발 앞에서 우리에게 부족하고 우리의 마음을 지키고 힘들게 하는 모든 것들을 조용히 아뢰는 시간들이 됩니다. 이렇게 우리의 기도의 골방이 안식처가 될 때, 기도를 끝내고 난 우리에게는 다음 번 기도 시간이 기쁨과 설렘으로 기다려지기 시작합니다.

또한, 이것은 또 다른 변화를 가져다줍니다. 우리는 기도를 통해서 무엇인가를 이루기 시작합니다. 즉, 우리는 기쁨과 감사함 가운데서 기도 사역을 감당할 수 있게 됩니다. 우리의 은밀한 기도의 골방은 안식처가 될 뿐만 아니라 일하는 곳이 됩니다. 이제 이것에 대해 말할 차례입니다.

제3장

사역으로서의 기도

> "그러므로 추수하는 주인에게 청하여 추수할 일꾼들을 보내 주소서 하라."
>
> — 마태복음 9:38.

예수님은 열한 사도를 남겨 두시고 승천하실 때 그들에게 인간으로서는 불가능한 소임을 맡기셨습니다. 주님이 그들에게 맡기신 일은 모든 민족들 가운데 가서 그리스도를 예배하는 자들을 만들라는 것이었습니다.

그리고 그들에게 예루살렘에서 시작하라고 말씀하셨습니다. 예루살렘은 멀리 있지 않았습니다. 그 도성은 감람 산 자락에 있었고, 그들은 자신들이 서 있는 곳에서 그 도성을 볼 수 있었습니다. 그 도성에서는 예수님을 죽여서 그 무죄한 피를 자신들의 손에 묻힌 자들이 이 나사렛 사람의 이름을 사람들 앞에서 입에 올리는 모든 자들을 죽이겠다고 벼르고 있었습니다. 설령 열한 사도가 운이 좋아서 이 살인자들의 눈을 피할 수 있다고 하더라도, 그들이 전해야 했던 것이 무엇이었습니까? 유대인에게는 걸려 넘어지게 하는 걸림돌이자 헬라인들에게는 어리석은 것이었던 십자가에 못 박히신 메시야였습니다.

그들이 감람 산에서 서쪽으로 눈을 들어서 지중해 너머에 있는 당시 세계의 중심이었던 로마를 바라보았을 때에도, 전망은 그리 밝아 보이지 않

있습니다. 거기에서 그들은 세상에서 오늘날까지 알려져 있는 것들 중에서 전 세계를 통일한 가장 강력한 제국과 가장 막강한 문화와 가장 풍요로운 지성적인 삶을 맞닥뜨려야 할 것이었습니다.

이 막강한 문화 제국이 그리스도에게로 나아오도록 만들기 위해서 갈릴리 출신의 열한 명의 평범한 일꾼들을 파송한다는 것은 누구에게나 황당하게 보였을 것입니다. 사실 나중에 학문적으로 잘 훈련된 동역자인 바울이 그들에게 더해지기는 했습니다. 그러나 바울 자신도 자기는 이 위대한 문화 중심지들 속에서조차도 십자가에 못 박히신 예수 그리스도 외에는 아무것도 알거나 전하지 않기로 결심했다고 말했습니다.

그러나 그들을 보내신 분은 자신이 무엇을 하고 있는지를 알고 계셨습니다. 그는 그들에게 맡겨진 인간으로서는 불가능한 소임을 위해 그들을 두가지 방식으로 준비시키셨습니다.

주님은 객관적으로는 그들에게 메시야 시대의 선물인 성령을 주었고, 성령으로 말미암아 이 작은 그리스도인 회중은 이 세상에 속하지 않은 능력들로 무장할 수 있게 되었습니다. 하지만 우리는 이 주제의 이 부분에 대해서는 이 시점에서 논의하지 않을 것입니다.

주님은 주관적으로는 그들을 기도로 무장시키셨는데, 기도는 이 세상에 속하지 않은 저 온갖 객관적인 능력들이 개별 신자들과 그리스도인 회중에게 주어지는 통로였습니다.

주님이 기도에 대해 하신 말씀들 중에서 몇 가지만 읽어 보아도, 우리는 주님이 이 기도라는 무기를 얼마나 대단하게 평가하셨는지를 생생하게 알 수 있습니다.

"너희 중의 두 사람이 땅에서 합심하여 무엇이든지 구하면 하늘에 계신

내 아버지께서 그들을 위하여 이루게 하시리라"(마 18:19).

"진실로 너희에게 이르노니 만일 너희에게 믿음이 겨자씨 한 알 만큼만 있어도 이 산을 명하여 여기서 저기로 옮겨지라 하면 옮겨질 것이요 또 너희가 못할 것이 없으리라"(마 17:20).

기도라는 무기를 평생동안 자신을 하나님께 산 제물로 바치면서 자신의 사역에서 사용할 기회를 가졌던 사람들 중의 하나였던 바울은 기도에 대해서 이렇게 말합니다: "아무 것도 염려하지 말고 다만 모든 일에 기도와 간구로, 너희 구할 것을 감사함으로 하나님께 아뢰라"(빌 4:6).

그들을 파송한 주님은 기도라는 이 무기 또는 장비가 그들을 무적으로 만들어 줄 것임을 아셨기 때문에, "너희가 못할 것이 없으리라"고 말씀하셨습니다.

주님은 자신의 친구들을 떠나 승천하심으로써 육신으로는 그들에게서 떠나 계시지만, 보잘것없고 죄악된 우리 인간들이 무릎을 꿇고 기도할 때마다, 그의 전능하신 팔을 우리에게 뻗으셔서 역사하셨습니다.

우리가 그의 전능하신 팔을 만질 때마다, 그의 전능하신 능력의 물줄기는 우리에게, 곧 우리의 심령과 육신으로 물밀듯이 밀려들어 옵니다. 그 뿐만이 아니라, 그 물줄기는 우리를 통해 다른 사람들에게로 흘러갑니다.

이 능력은 차고 넘치며 어느 곳으로든 신속하게 움직여 가기 때문에, 우리가 기도할 때 해야 할 모든 것은 이 능력이 적용되어야 할 사람들이나 일들을 가리키는 것뿐입니다. 그렇게만 하면, 이 능력의 주인이신 예수님은 즉시 우리가 가리킨 곳에 필요한 능력을 보내십니다.

이 능력은 시간이나 공간을 전적으로 초월해서 역사합니다. 우리가 무릎을 꿇고 마다가스카르나 중국이나 수단에 있는 우리의 형제들과 자매들을 위해 기도하는 바로 그 순간, 이 능력은 그 사람들에게 그 즉시 전달됩니다. 여기 아무리 엉뚱한 발명가도 감히 꿈꿀 수 없는 능력의 무선 전송의 예가 있습니다.

기도라는 무기는 예수님의 원수들은 사용할 수 없기 때문에 예수님의 친구들에게 더 귀하고 소중합니다. 물론, 예수님의 원수들도 이 무기에 손을 댈 수 있기는 하지만, 이 무기를 진심으로 붙잡는 순간 그들은 예수님의 원수에서 친구로 바뀝니다.

여기에서도 우리는 하나님의 은혜와 지혜를 봅니다.

만일 누구나 기도라는 무기를 사용할 수 있어서 복수하고 멸망시킬 목적으로 사용한다면, 이 무기는 얼마나 끔찍하고 무시무시한 것이 되겠습니까! 주님은 자신의 친구들만이 이 무한한 능력의 원천을 접할 수 있게 작정하셨습니다. 이 접촉의 수단인 기도는 아주 주의 깊게 고안되어 있어서, 비록 예수님의 친구들일지라도 예수님의 뜻과 계획을 거스르는 방식으로 이 능력을 사용하고자 하는 순간, 그 연결은 자동적으로 끊어져 버립니다. 우리는 오직 하나님의 뜻에 따라 어떤 것을 위해 기도할 때에만 응답을 기대할 수 있습니다.

기도를 통해 이 능력들을 사용할 수 있게 된 우리가 이 세상 곳곳을 두루 다니며 이 하늘의 능력을 절실하게 필요로 하는 모든 곳에 전하는 것이 주님의 뜻입니다. 우리의 삶이 고요하지만 변함없이 늘 흐르는 복의 물줄기가 되어서, 우리의 기도와 중보기도를 통해 그 물줄기가 우리 주위의 모든 곳으로 흘러가게 하는 것이 우리 주님의 계획입니다.

우리도 주님의 사도들처럼 "예루살렘에서 시작해야 하고, 그런 후에 점점 더 "땅 끝까지" 이르러야 합니다.

우리의 집에서부터 시작하는 것이 주님의 뜻입니다. 우리는 우리가 사랑하는 사람들 사이를 날마다 오갈 때, 무선의 중보기도를 통해 그들에게 저 초자연적인 능력을 전달해서, 그들로 하여금 늘 실망과 실패를 경험하며 육신적으로나 영적으로 낙심하며 살아가는 대신에, 승리하는 삶을 영위할 수 있게 하여 그들의 심령과 입술에 감사와 기쁨이 늘 넘치게 해야 합니다.

우리는 날마다 우리가 사랑하는 사람들과 접할 때 하나님께 이렇게 기도해야 합니다: "하나님, 저들 각자에게 당신의 복을 내려 주십시오. 나는 그들과 함께 살면서 그들을 사랑하지만, 매우 이기적이고 그들을 위해 내 자신을 많이 희생하고자 하지 않기 때문에, 그들에게는 당신의 복이 필요합니다."

그러면 우리의 가정에는 복이 임할 것입니다. 하나님이 기도를 들으시기 때문입니다. 천국이 우리의 가정에 임할 것입니다. 가정을 구성하는 우리 모두가 약점들이 많고 불완전한 사람들일지라도, 기도에 대한 하나님의 응답으로 말미암아 우리의 가정은 작은 낙원이 될 것입니다.

자신의 가정을 실패한 가정으로 만드는 신자들이 많이 있습니다. 그들의 자녀들은 집에 있으려고 하지 않고 어떻게든 온갖 쾌락과 즐거움을 찾아 밖으로 나돕니다. 우리 주님이 그런 가정을 갖고 있는 사람들에게 말씀하실 수 있다면, 그들에게 가장 먼저 들려 주고 싶어 하시는 말씀은 아마도 이것일 것입니다: "너희가 얻지 못함은 구하지 아니하기 때문"이다(약 4:2).

우리의 기도에 우리의 이웃을 포함시키는 것도 우리 주님의 뜻입니다. 아침에 그들을 보자마자, 우리는 하나님께 이렇게 기도해야 합니다: "주님,

오늘 내 이웃들을 복 주십시오. 그들에게 꼭 필요한 것들을 베풀어 주십시오!" 이웃과의 관계가 좋지 않은 경우가 얼마나 비일비재합니까! 양이나 닭이나 개나 울타리나 땅 한 뼘 같은 아주 작은 일들로 이웃과의 사이가 틀어지기 시작합니다. 처음에는 오해로 시작했다가 분노로 발전해서 사이가 틀어지고 원수가 되어 결국 송사가 벌어집니다.

우리가 중보기도라는 거룩한 마법을 사용한다면, 이웃과의 관계는 점차적으로 좋아질 것이고, 아무리 고집 세고 까다로운 이웃이라도 결국에는 친한 사이가 될 것입니다.

몇몇 나라들에서는 사람들이 지금도 여전히 일터에서 만났을 때에 저 심오하고 아름다운 인사말로 서로 인사를 나눕니다: "하나님께서 당신의 일에 복 주시기를 빕니다!" 모든 인사말이 그렇듯이, 이 인사말도 자주 사용하다 보면 익숙해지고 진부해져서, 사람들은 더 이상 이 인사말이 무엇을 의미하는지를 생각하지 않고 그저 습관적으로 사용할 수 있습니다. 그러나 이 인사말이 처음으로 사용되었을 때, 이렇게 인사말을 건네는 사람들에게는 자신의 동료들이 하는 일들에 하나님이 복을 주시기를 진정으로 구하는 마음이 있었습니다.

우리도 그 동일한 마음을 지녀야 합니다. 일하는 것이 언제나 쉬운 것이 아님을 우리는 압니다. 사람들은 때때로 무척이나 힘든 일에 봉착합니다. 그렇기 때문에, 우리는 일터에서 사람들을 만났을 때 그 기회를 활용하여 그들을 위해 하나님께 기도해서, 저 초자연적인 능력이 그들에게 임하여, 그들이 하는 일들이 좀 더 수월하게 되고 더 큰 열매를 맺을 수 있게 해야 합니다.

우리는 가는 곳마다 어떤 어려움에 처한 사람들을 만나게 됩니다. 성령이 우리에게 사랑의 눈을 뜨게 하셔서 사람들에게서 눈에 보이거나 보이지 않는 어려움들을 볼 수 있게 해 주시면, 우리에게 보이는 모든 것이 우리 속에서 기도를 불러일으키게 될 것이고, 우리는 주님께로 향하여 우리의 친구들과 우리의 원수들의 곤경을 아뢰게 될 것입니다. 이것은 주님이 우리에게 어떤 기회에 어떤 식으로 기도하기를 원하시는지를 보여 줍니다. 그래서 성경에서는 "쉬지 말고 기도하라"(살전 5:17)고 말합니다.

구스타프 옌센(Gustav Jensen) 목사님이 전에 다음과 같은 얘기를 들려 준 적이 있습니다.

몇 년 전에 오슬로에서 한 작은 교회가 지어지고 있었습니다. 교외에 살지만 시내 중심부에 사무실을 두고 사업을 하고 있던 한 신자에게 이 목사님이 그 얘기를 해 주었고, 그 사업가는 매일 평소보다 몇 분 정도 일찍 집에서 나와서 교회 건축 현장으로 와서, 일꾼들과 교회 건축과 그 교회에서 사역하게 될 사람들과 거기에서 하나님의 말씀을 듣게 될 사람들을 위해서 조용히 기도한 후에 자신의 일터로 가곤 했습니다.

그 사람은 기도하는 것이 주님과 함께 동역하는 수단이라는 것을 알았던 것입니다. 나의 숙모는 어느 날 자기 집을 방문했던 한 선장에 대해 얘기를 해 주었습니다. 그들은 자리에 앉아서 자신들이 그리스도인의 삶을 살면서 경험한 일들에 대해 즐겁게 대화를 나누고 있었는데, 그 선장이 갑자기 일어나더니 숙모에게로 와서 그녀의 머리에 손을 얹고는 그녀에게 하나님의 복이 임하게 해 달라고 간절하게 기도를 했습니다.

여기 어떻게 기도하는지를 아는 또 한 사람이 있었습니다.

내 말은 우리가 그 선장을 본받아서 지금부터 여기저기 돌아다니며 서로의 머리에 손을 얹고 기도하라는 뜻이 아니라, 그가 지니고 있던 저 사랑의 열심과 기도를 어떻게 사용해야 하는지에 대한 그의 지식을 우리도 가졌으면 좋겠다는 것입니다.

우리가 사람들을 만났을 때마다, 그 사람들이 전에 만난 적도 없고 일면식도 없던 사람들이라고 할지라도, 우리에게 주어진 기도의 특권을 그 사람들을 위해 사용하는 것이 주님의 뜻이라고 여러분은 생각하지 않습니까? 우리 주님은 우리가 어떤 사람을 단 한 번밖에 만나지 않았을지라도 모든 기회를 활용해서 우리의 기도를 통해 이 세상에 속하지 않은 저 신령한 은사들을 사람들에게 나누어 주기를 바라실 것이라고 나는 생각합니다.

어떤 분들은 그런 것은 가능하지 않은 일이라고 반론을 제기하고, 내가 지나치게 과장하고 "오버" 하고 있다고 말할지도 모릅니다. 그러나 나는 그렇게 생각하지 않습니다. 나는 우리가 성공적인 기도생활을 하지 못하는 이유는 기도에 충분한 열심과 부지런함을 보이지 않고 너무 나태하기 때문이라고 굳게 믿습니다. 하나님의 성령이 우리를 거룩한 열심으로 충만하게 하면, 우리는 이내 그런 사람들을 위해 하나님께 기도할 수 있는 시간과 기회를 찾아내게 될 것입니다.

우리의 생각은 빠르게 돌아갑니다. 거리에서 어떤 사람이 빠르게 옆으로 지나가면, 우리는 그 얼마 안 되는 시간에도 그 사람에 대해 뭐 꼬투리 잡을 일이 없을까 하고 기회를 노립니다. 그런 일은 거의 자동적으로 일어납니다. 왜냐하면 우리의 악한 본성이 우리를 주장하고 있기 때문입니다. 하나님의 성령이 우리 안에서 새로운 본성을 조성해서 아주 강력하게 역사할 수 있게 해 놓았다고 생각해 보십시오. 우리는 어떤 사람을 만날 때마다 자동적으로 우리의 마음을 들어 그 사람을 위해 하나님께 기도하게 될 것입니다.

나의 선교사 친구들 중 한 사람이 선교지에서 막 돌아왔습니다. 우리는 함께 앉아서 많은 것들에 대해 대화를 나누었는데, 선교지에 나가 있는 동안에 그의 건강에 대한 것도 그 중 하나였습니다. 그것은 대부분의 선교사들의 삶에서 해결하기 어려운 문제입니다. 열대 지방의 열병들은 그들 중 다수의 건강을 약화시키고 손상시켜서, 젊은 나이에 죽는 사람들도 있습니다. 내 친구는 열병이 특히 심했던 지역에서 선교사역을 했었습니다.

내가 그 문제에 대해 얘기하기 시작하자, 그 친구는 조금 피하는 눈치였습니다. 그러나 나는 그 친구를 아주 잘 알고 있었기 때문에, 그런 그의 반응에 아랑곳하지 않고 계속해서 그의 건강이 실제로 어떠했었느냐고 꼬치꼬치 캐물었습니다. 그러자 그는 이렇게 대답했습니다.

"나는 선교지로 떠나기에 앞서 나의 친구들에게 작별인사를 하기 위해 나의 고향 마을을 들렀다가, 거기에서 소작농으로 일하는 한 나이 드신 믿는 아주머니와도 작별인사를 하게 되었지. 내가 작별인사를 하자, 그녀는 내 손을 꼭 잡고서 지그시 내 눈을 바라보면서, 내게 조용히 이렇게 말했어. '나는 하나님이 그 곳에서 당신을 열병에 걸리지 않게 하셔서 당신이 당신의 모든 힘을 선교사역에 다 쏟아 부을 수 있게 해 주시라고 하나님께 기도하고 간구하겠습니다.'"

그 친구는 그렇게 말한 후에 그의 눈에 눈물을 글썽이며 "그리고 나는 거기에서 사역하는 내내 단 한 번도 열병에 걸리지 않았어"라는 말을 덧붙였습니다. 그것은 기쁨의 눈물이었습니다!

여기 주님의 일을 하는 수단으로 기도를 사용할 줄 알았던 또 한 사람이 있었습니다. 우리가 굳이 선교지에 가지 않더라도 선교를 위해 일할 수 있는 방법은 많습니다. 하나님께서 우리로 하여금 그 방법들을 알게 하시고 그대로 실천할 수 있게 해 주시기를 빕니다. 우리가 그런 식으로 도울 때, 실제로 선교지에 나가 일하는 선교사들은 더 수월하게 자신의 사역들을 해 나갈 수 있게 됩니다.

기도는 하나님의 나라에서 가장 중요한 사역입니다. 우리가 하나님의 백성이 되자마자 이 사역에 동참하는 것이 우리 주님의 뜻입니다. 기도를 통해서 우리는 우리의 그리스도인 부모님들에 의해 시작되었던 사역, 그들이 일평생을 바쳐 희생하고 고난당하고 애쓰고 힘쓰며 기도해 왔던 바로 그 사역에 동참할 수 있습니다. 우리는 그들이 일구어 놓은 사역에 다른 무엇보다도 우선적으로 기도를 통해 동참하고 우리의 힘을 보태야 합니다. 그리스도인의 사역들 중에는, 기도 사역이 아주 중요할 뿐만 아니라 실제로 오직 기도를 통해서만 이루어질 수 있는 사역들이 있습니다.

그런 사역들 중에서 우리가 가장 먼저 언급해야 할 것은 일꾼들을 위한 기도입니다.

예수님의 말씀이 그것을 우리에게 분명하게 보여 줍니다: "추수할 것은 많되 일꾼이 적으니 그러므로 추수하는 주인에게 청하여 추수할 일꾼들을 보내 주소서 하라"(마 9:37-38). 우리가 첫 번째로 해야 할 일은 주님의 포도원에서 여러 가지 일들을 담당할 주님이 원하시는 일꾼들을 얻는 것입니다. 우리가 특히 주목해야 할 것은 이 일은 기도를 통해서 이루어진다는 것입니다. 많은 신자들이 우리의 기도 사역 중에서 이 부분에 대해서는 그리 주목해 오지 않았다는 것은 사실입니다. 우리는 이미 사역을 하고 있는 일꾼들을 위해서는 기도합니다. 또한, 어떤 사역을 준비하고 있는 사람들을 위해서도 기도합니다. 그러나 우리 중 대부분은 주님이 어떤 사역들을 위해 마음에 두고 계신 사람들을 위해서도 기도해야 한다는 생각은 미처 하지 못했습니다. 우리가 여기에서 인용한 예수님의 말씀은 하나님은 우리의 기도 없이는 그러한 일꾼들을 부르셔서 추수할 밭으로 보내시지 않으신다는 것을 보여 줍니다.

기독교 사역에서 가장 위험한 것은 하나님에 의해 보내심을 받지 않은 일꾼들이 밭에 나가 일하는 것임은 의심의 여지가 없습니다. 그런 사람들이 하는 일은 개인적으로 큰 능력과 재능과 고도로 체계화된 효율성 가운데서 수행된다고 할지라도 단지 인간의 일일 뿐입니다.

외국의 선교지들에는 거기에 있어서는 결코 안 되는 그런 사람들이 일하고 있습니다. 그런 사람들 중에는 심지어 하나님께 회심하지조차 않은 자들도 있습니다. 그리고 정작 선교사로 나가서 일해야 할 사람들은 여기 본국에 남아 있습니다.

이것은 우리의 잘못입니다. 우리는 이 중요한 문제를 놓고 기도했어야 했고, 하나님이 보내시지 않은 자들은 단 한 사람도 선교지로 파송되지 않게 해 달라고 기도함과 동시에, 하나님이 선교사로 택한 사람들은 단 한 사람도 본국에 남아 있지 않고 실제로 외국으로 나가게 해 달라고 기도했어야 했습니다.

이런 일은 우리의 목회자들과 관련해서도 흔히 일어납니다.

우리는 자주 자격을 갖추지 못한 목회자들이 너무 많다고 탄식합니다. 그런 식으로 탄식하는 것은 상대적으로 쉬운 일입니다. 하지만 실제로 우리는 다른 무엇보다도 우리 자신과 우리가 기도를 게을리한 것을 가장 탄식해야 합니다. 예수님의 말씀에 의하면, 우리는 누가 목회자들이 되느냐를 결정함에 있어서 한 몫을 담당해야 합니다. 그런데도 우리는 그렇게 하지 않고 팔짱을 끼고 앉아서, 우리에게 오는 목회자들을 받아들입니다. 우리는 우리 교회에 누구를 목회자들로 세울 것인지를 결정하는 문제를 이제 겨우 스무 살도 안 된 청년들에게 맡겨 버립니다.

이런 일이 계속되게 내버려 두어서는 안 됩니다. 예수님의 말씀에 의하면, 누구를 목회자로 세우고 누구를 세우지 말아야 하는지를 결정하는 데 한 몫을 담당하는 것은 신자들의 권리일 뿐만 아니라 의무이기도 합니다. 하지만 이 일은 오직 우리의 무릎으로만 할 수 있습니다.

믿음의 친구들이여, 이 일에 동참합시다!

이 일이 우리의 교회와 우리의 성도들에게 무엇을 의미하는지는 잠시만 생각해 보면 금방 알 수 있습니다. 영혼을 위한 열심으로 차고 넘치는 은혜가 충만한 목회자들, 선한 믿음이 있고 신실한 목회자들, 하나님이 보내신 수백, 아니 수천의 목회자들이 우리나라 방방곡곡에 흩어져서 사역을 하고 있습니다!

이런 말을 들으면, 어떤 사람들은 그런 일이 어떻게 가능하겠냐며 비웃을 것이고, 어떤 사람들은 쓸쓸히 미소지으며 한숨만 쉴 것입니다. 하지만 우리 모두는 예수님이 하신 말씀을 다시 한 번 곱씹어 볼 필요가 있습니다: "그러므로 추수하는 주인에게 청하여 추수할 일꾼들을 보내 주소서 하라." "너희가 못할 것이 없으리라."

이것은 우리의 교사들에게도 적용되는 말씀들입니다. 우리나라에는 좋은 교사들이 많습니다. 하지만 불행히도 자신들의 사역을 소홀히 하는 교사들도 많아서, 그들의 사역은 실제로 우리 자녀들의 영혼에 해를 끼칩니다. 이 문제에서도 우리는 무관심하고 소홀했습니다. 우리는 믿는 그리스도인 젊은이들이 교사들을 양성하는 학교들에 들어가서 훈련을 받은 후에

이 중요하고 책임 있는 사역을 감당할 수 있게 해 달라고 하나님께 겸손히 계속해서 끈질기게 기도해 오지 않았습니다. 우리가 형편없는 교사를 만나서 거기에 대해 불평하면, 우리 주님은 우리에게 이렇게 말씀하실 것이라고 나는 생각합니다: "너희가 얻지 못함은 구하지 아니하기 때문"이다.

일반적으로 우리는 하나님이 그리스도인들에게 주신 은혜의 선물들이 실제로 나타나도록 기도를 통해서 도와야 합니다.

예를 들면, 우리가 사는 지역에 좋은 지도자가 없을 수 있습니다. 그런 경우에는 우리에게는 형편없는 지도자들만 있다고 불평하지 말고, 그 대신에 우리에게 필요한 구체적인 은사를 지닌 지도자를 보내 달라고 기도해야 합니다.

또 다른 지역에는 유능한 지도자가 있기는 하지만, 그 지역에는 말씀을 전하고 가르치는 은사가 부족할 수 있습니다. 우리는 다시 한 번 예수님의 말씀을 숙고해야 합니다: "그러므로 추수하는 주인에게 청하여 추수할 일꾼들을 보내 주소서 하라."

끝으로, 우리는 어디든지 가서 하나님의 말씀을 전하는 복음전도자들을 보내 달라고 무릎을 꿇고 기도해야 합니다. 하지만 우리는 그런 기도 사역도 소홀히 합니다. 그 결과 우리에게는 두루 다니며 복음을 전하는 복음전도자들이 없습니다. 그들은 사람들에 의해서가 아니라 하나님에 의해 파송됩니다.

또한, 우리에게는 하나님이 말씀을 전하는 자들로 택하신 농부들과 어부들과 장인들과 사업가들이 있지만, 우리가 그런 은사들을 가진 사람들을 우리에게 보내 달라고 기도하지 않기 때문에, 하나님은 그들을 추수할 밭으로 보내실 수가 없습니다.

이것과 관련해서 나는 볼레테 힌덜리(Bolette Hinderli)라는 한 평범한 시골 소녀가 하나님의 위대한 설교자였던 라스 올센 스크렙스루드(Lars Olsen Skrefsrud)를 위해 무슨 일을 할 수 있었는지를 들려 드리고자 합니다.

그녀는 환상 속에서 감방에 갇혀 있는 한 죄수를 보았습니다. 그의 얼굴과 그의 모습 전체가 그녀에게 선명하게 보였습니다. 그리고 한 목소리가 그녀에게 들려 왔습니다: "아무도 이 사람을 위해 기도하지 않는다면, 이 사람은 다른 죄수들과 동일한 운명을 맞게 될 것이다. 이 사람을 위해 기도하라. 그러면 내가 그를 보내 이방인들 가운데서 나를 선포하여 내 영광을 나타내게 할 것이다."

그녀는 하늘에서 주어진 환상에 순종해서, 자기가 전혀 알지 못했던 이 죄수를 위해 기도의 싸움을 시작했고, 이 죄수가 회심하여 선교 사역으로 부르심 받았다는 소식을 듣게 되기를 간절한 마음으로 기다렸습니다.

어느 날 그녀는 노르웨이의 스타방게르(Stavanger)라는 도시에 갔다가, 전에 죄수였던 그 사람이 마침내 회심하여 그 날 저녁에 그 도시에서 전도 집회를 갖는다는 소식을 접하게 되었습니다. 스크렙스루드가 말씀을 전하기 위해 연단으로 올라가는 모습을 본 그녀는 자기가 환상 속에서 보았던 사람이 바로 이 사람이라는 것을 즉시 알아보았습니다.

이 소녀는 일꾼을 보내 달라고 기도하라고 하신 예수님의 말씀이 무슨 의미인지를 알게 되었습니다.

내가 하나님의 말씀으로부터 알고 있고, 하나님 나라의 역사로부터 알고 있는 한, 기도로 하는 사역 중에서 이 일보다 더 중요한 것은 없습니다. 어떤 자리에 꼭 있어야 할 사람이 그 자리에 있게 된다면, 하나님은 그 사람을 통해서 자신이 하고 싶으신 일들을 마음껏 하실 수가 있습니다. 마르틴 루터, 한스 닐센 하우게(Hans Nielsen Hauge), 라스 올센 스크렙스루드(Lars Olsen Skrefsrud), 한스 페테르 뵈레센(Hans Peter Börresen), 윌리엄 캐리(William Carey), 허드슨 테일러(Hudson Taylor) 같은 사람들을 생각해 보십시오.

성경에서는 세례 요한을 다음과 같은 말씀으로 소개합니다: "하나님께로부터 보내심을 받은 사람이 있으니"(요 1:6). 그런 후에는 그 사람이 대단한 은사를 지녔든 지니지 않았든 언제나 어떤 놀라운 일이 일어납니다.

어떤 사람들은 왜 하나님이 우리의 기도 없이는 그런 일꾼들을 보내지 않으시는 것이냐고 물을지도 모르겠습니다. 나는 그 질문에 대해 대답할 수 있는 말이 조금 있는데, 그것은 나중에 우리가 기도와 관련된 몇몇 문제점들을 다루는 장에서 말씀드리겠습니다.

우리의 기도의 수고 중 일부는 우리의 지도자들에게도 할애되어야 합니다. 그들에게는 막중한 책임이 지워져 있습니다. 지도자는 단순히 대중이 원하는 것을 따라가는 것이 아니라, 자신의 확신을 따라 행할 수 있기 위해서는, 지혜와 경험만이 아니라 대단한 용기와 담대함도 아울러 지니고 있어야 합니다. 반대의 물결이 거세고 의기양양하며 친구들은 지쳐갈 때에도, 자기가 하나님의 뜻이라고 믿는 일들을 끝까지 관철시켜 나가려면 흔히 대단한 힘과 인내와 끈기가 요구됩니다.

지도자들을 비판하기는 쉽습니다. 어떤 일이 이루어진 후에는 누구나 지혜롭습니다. 왜냐하면 그 때에는 우리 모두가 그 일을 어떤 식으로 처리했어야 하는지를 알게 되기 때문입니다. 그러나 그 일이 이루어지기 전에는 그 일을 어떤 식으로 처리해야 하는지는 아무도 알지 못하는데, 그 일을 이루어내는 것은 지도자들의 몫입니다. 그렇기 때문에, 우리는 우리의 지도 자들을 끊임없이 비판하는 대신에 늘 그들을 위하여 기도하는 것이 마땅합니다.

이것은 우리가 지도자들이 결정한 일은 무엇이든지 무비판적으로 받아들여야 한다는 것을 의미하지 않습니다. 그들이 잘못하고 있다는 생각이 든다면, 겸손과 사랑 가운데서 그들에게 당신의 생각을 말하십시오. 하지만 그렇게 하기 전에 다른 무엇보다도 먼저 그들을 위해 기도하십시오. 그들이 자신들이 잘못한 것을 스스로 깨달을 수 있게 해 달라고 그들을 위해 하나님께 기도하십시오. 그렇게 기도했을 때, 하나님은 그들로 하여금 자신들의 잘못을 깨닫게 해 주실 것이고, 아울러 그들과 당신 사이의 형제 사랑이 위대한 승리를 거두게 해 주실 것입니다.

또한, 우리는 말씀을 전하는 사람들, 곧 목회자들과 복음전도자들을 위해 기도해야 합니다.

말씀을 전하는 자가 되는 것은 아주 어려운 일입니다. 먼저, 말씀을 올바르게 분별하여 복음을 전하는 일은 막중한 책임이 따릅니다. 다음으로, 말씀을 전하는 자는 이례적으로 큰 시험들에 많이 노출됩니다. 특히 두 방향으로 시험을 받는데, 말씀을 전하는 자로서의 자신의 사역이 크게 성공하는 경우에는 교만의 시험에 노출되고, 형편없이 실패하는 경우에는 낙심의 시험에 노출됩니다. 말씀을 전하는 자들이 교만해져 있는 것이 당신에게 보인다면, 그들이 다시 낮아져서 심령이 가난한 자들이 되어 하나님의 양 무리를 잘 먹일 수 있게 해 달라고 하나님께 간절히 기도하십시오. 반면에, 어떤 말씀을 전하는 자가 낙심하고 있는 모습이 보이거든, 그에게 새로운 용기를 달라고 하나님께 구하십시오.

당신의 공동체에서 여러 가지 은사들을 가지고 일하는 그리스도인들을 위해 특히 기도하십시오. 그들을 위해 꾸준히 기도하십시오. 해가 거듭되어도 계속해서 식지 않은 열심을 가지고 사역해 나갈 수 있는 용기와 담대함을 그들에게 주시라고 기도하십시오. 우리의 교회에 주어진 은사들이 힘을 잃어가기 시작하고, 다른 교회들에 주어진 은사들은 사실상 소멸되어 버렸음을 보여 주는 증표들이 나타날 수 있습니다. 그러한 재앙이 일어나지 않게 해 달라고 하나님께 간절하게 구하고 기도하십시오.

특히 개교회의 설교자들을 위해서 많이 기도하십시오. 그들이 계속해서 은혜 가운데서 능력 있는 말씀을 선포할 수 있게 해 달라고 기도하십시오. 하나님의 능력이 그들에게 임하게 해 달라고 기도하십시오. 그러면 그들이 대단한 은사를 지니고 있지 않고 메시지를 전하는 탁월한 능력을 지니고 있지 않은 사람들이라고 할지라도, 당신은 그들이 하늘로부터 받은 새롭고 힘 있는 메시지를 당신에게 전하는 것을 보게 될 것입니다.

또한, 우리는 우리의 집회들을 위해서도 기도해야 합니다.

그러한 기도를 빼먹는 것도 큰 죄를 짓는 것입니다. 집회들을 계획할 때, 우리는 다른 모든 것들을 준비하는 데에는 많은 신경을 쓰면서도 정작 기도로 준비하는 것에는 거의 신경을 쓰지 않는 것이 사실입니다.

우리는 집회들을 준비할 때 통상적으로 어떤 식으로 준비합니까? 먼저 우리는 어디에서 집회를 할지를 정하고, 다음으로는 언제 할지를 정합니다. 그런 후에는 강사를 정하고, 마지막으로 이 집회를 잘 광고할 수 있는 방법을 결정합니다. 우리는 모든 것이 준비되었다고 생각하고, 이제 우리가 해야 할 일은 오직 이 집회가 시작될 날을 기다리는 것뿐이라고 생각합니다.

우리는 집회에 가기 직전에 시간이 되면 집회를 위해 잠깐 기도합니다.

하지만 늘 그렇듯이 사탄은 우리에게 그런 시간을 주지 않기 위해 공작을 폅니다. 많은 사람들이 집회에 늦게 도착하고, 어떤 사람들은 제때에 옵니다. 제때에 온 사람들은 집회가 시작될 때까지 집회를 위해 기도합니까? 그렇지 않습니다. 늘 그렇듯이 그들은 시간이 다 되어서 집회가 시작될 때까지 이런저런 잡담들을 합니다. 이윽고 어떤 사람이 기도를 하고, 설교가 시작됩니다.

그러면서 우리는 우리의 집회와 사역이 왜 이렇게 열매를 맺지 못하는 것일까 하고 의아해합니다! 이런 집회를 보면서 지옥은 비웃고 하늘은 탄식합니다. 예수님이 안타까워하면서 하신 저 말씀이 또다시 우리에게 떠오릅니다: "너희가 얻지 못함은 구하지 아니하기 때문"이다.

하나님의 백성들이 집회를 갖기 전에 기도 사역을 통해 준비해야 한다는 것을 알았었다면, 그들은 지금보다 훨씬 더 풍성한 복을 받게 되었을 것이고, 집회들은 하나님의 능력이 역사하여 놀라운 일들이 일어나는 장들이 되었을 것입니다.

가장 놀라운 일은 설교들이 이전과 비교해서 별로 달라진 것도 없고 새로울 것이 없는데도 능력 있는 말씀들이 되어서 믿는 자들에게나 믿지 않는 자들에게나 그들의 양심에 똑같이 이전보다 더 크게 역사하여 변화를 만들어 낸다는 것입니다.

끝으로, 우리는 회심하지 않은 사람들을 위해 중보기도를 해야 합니다.

우리의 기도의 수고 중에서 이 부분은 아마도 우리가 가장 잘 이해하고 실행하는 부분일 것입니다. 대부분의 신자들은 영적인 각성과 부흥이 일어나기를 소망합니다. 영혼들이 구원받는 것을 보고자 하는 것은 우리 시대의 거의 모든 그리스도인들의 사역을 추진해 나가는 동기입니다. 이 점에서 영적인 각성과 부흥은 언제나 지금 이 시대의 명령입니다. 사람들은 영적 부흥에 대해 많이 말합니다. 또한 영적 부흥이 일어나도록 하기 위해 많은 일들을 합니다. 이를 위해 적지 않은 기도가 드려집니다.

우리는 하나님이 종종 우리를 영적으로 각성시키는 것을 보기도 합니다.

그럼에도 불구하고, 이 일과 관련해서 우리가 특히 우리의 기도라는 측면에서 생각해 보아야 할 것이 있습니다. 먼저, 나는 영적 각성은 매우 드물게 일어난다는 사실을 지적하고 싶습니다. 우리의 도시들과 시골 지역들에서 영적 부흥이 일어난 지가 수십 년이 지났습니다. 다음으로, 나는 영적 부흥이 일어나는 범위는 통상적으로 그리 크지 않아서 어느 한 지역으로 국한되는 것이 보통이라는 사실을 지적하고자 합니다. 끝으로, 나는 영적 부흥은 흔히 단지 아주 작은 영적 능력을 보여 줄 뿐이라는 것을 말하고 싶습니다. 이것은 아무런 능력도 역사하지 않는다는 것을 의미하는 것이 아닙니다. 흔히 엄청나고 거의 야수적이라고 할 만큼의 능력들이 역사합니다. 그러나 거기에서 하나님의 능력이 역사하는 것은 별로 없고 인간의 많은 능력이 작용했다는 것이 특히 영적 부흥이 끝난 후에 분명하게 드러나고, 심지어는 영적 부흥이 진행되고 있는 동안에도 종종 분명해집니다.

이렇게 된 원인은 우리가 기도의 수고를 하지 않은 데 있습니다.

우리는 영적 부흥을 갈망하고 영적 부흥에 대해 말하며 영적 부흥을 위해 일하고 이를 위해 기도도 조금 합니다. 그러나 모든 영적 부흥을 위한 필수적인 준비작업인 기도의 수고에 본격적으로 착수하지는 않습니다.

우리 중에서 많은 사람들이 회심하지 않은 사람들 속에서의 성령의 역사에 대해 오해하고 있습니다. 우리는 본질적으로 이 역사가 집회에서 영적 각성이 일어나고 있는 바로 그 시간에 국한되어 있다고 생각합니다. 우리는 마치 회심하지 않은 사람들이 집회 시간 이외의 시간에서는 하나님의 영향 아래 있지 않다고 생각하고 있는 것처럼 보입니다.

이것은 완벽한 오해입니다. 성령은 집회에서 영적 각성이 일어나고 있는 동안에도 역사하고 집회 이전이나 이후의 모든 시간 속에서도 역사합니다. 역사하는 방식이 달라서, 사람들의 심령에 미치는 효과도 다르지만, 성령은 중단 없이 역사합니다.

성령의 역사는 채굴 작업에 비유할 수 있습니다. 성령의 역사는 폭파작업을 통해서 죄인의 단단한 심령과 하나님을 반대하고 배척하는 마음을 분쇄합니다. 집회에서 영적 각성이 이루어지는 시간은 바로 그러한 폭파작업이 행해지는 때에 비유할 수 있습니다. 반면에, 집회 이전과 이후의 시간들은 그러한 폭파작업을 위해 단단한 암반에 구멍들을 깊이 뚫는 큰 수고를 필요로 하는 작업이 이루어지는 시간들입니다.

그러한 구멍들을 뚫는 일은 우리의 인내를 시험하는 어렵고 힘든 작업입니다. 구멍들에 다이너마이트를 넣고 도화선을 서로 연결해서 불을 붙여 폭파시키는 것은 쉽고 매우 흥미로운 작업이고, 그런 일은 "결과"가 금방 나타납니다. 큰 폭발음이 들리고, 조각들이 사방으로 날아가는 모습은 흥미를 불러일으킵니다!

도화선에 불을 붙이는 것은 누구나 할 수 있지만, 단단한 암반에 구멍을 뚫는 일은 숙련된 일꾼들만이 할 수 있습니다.

이러한 사실은 흔히 기이하고 잘 이해되지 않는 영적 부흥들의 역사에 상당한 빛을 던져 줍니다.

도화선에 불을 붙이는 것을 좋아하는 사람들은 많습니다. 많은 사람들이 복음전도를 위한 설교자들이 되고 싶어 합니다. 어떤 설교자들은 그 열심이 너무 지나쳐서, 구멍을 뚫고 거기에 다이너마이트를 넣기도 전에 도화선에 불을 붙입니다. 그 결과 영적 부흥을 위한 집회에서는 단지 요란한 폭발음만이 들리게 됩니다!

집회를 하는 동안에는 영혼에 대한 우리의 열심은 활활 타올라서 우리 모두가 적극적으로 집회에 임합니다. 어떤 사람들의 열심은 너무 지나쳐서 집회가 끝난 후에 거의 위험한 수준까지 다다릅니다. 반면에, 집회가 끝나고 나서 모든 것이 평상시의 모습으로 돌아왔을 때에는 또다시 메마른 상태가 되고, 우리 중 대부분은 열심을 잃고 활동을 중단합니다.

하지만 성령이 우리를 불러서 날마다 끊임없는 기도를 통해서 회심하지 않은 사람들의 단단한 영혼에 구멍을 뚫고 폭약을 집어넣는 어렵고 힘든 일을 차분하게 해 나가라고 명령하는 때가 바로 그 때입니다. 이것은 다음 번 영적 각성을 위한 진정한 준비 작업입니다. 영적 각성이 오랜 시간이 지난 후에야 다시 찾아오는 이유는 단지 이 채굴 작업의 어렵고 힘든 부분을 기꺼이 감당하고자 하는 신자들을 발견할 수 없기 때문입니다.

모든 사람이 영적 각성이 일어나기를 소망하지만, 단단한 암반에 구멍들을 뚫는 힘들고 어려운 작업은 스스로 하려고 하지 않고 다른 사람들에게 미룹니다.

하지만 하나님께 감사하게도 모든 공동체에는 사람의 인내심을 아주 혹독하게 시험하는 이 사역을 감당하는 몇몇 사람들이 꼭 있습니다. 나는 그런 형제와 자매들에게 주님이 상을 주시고, 그리고 무엇보다도 그들이 감당하고 있는 이 거룩한 사역을 끝까지 인내로써 해낼 수 있는 은혜를 그들에게 주시기를 하나님께 빕니다!

이것과 관련해서 나는 우리가 영적 각성을 위해 어떻게 기도해야 하는 지에 대해서도 몇 마디 하려고 합니다.

기도의 영이 우리에게 영혼을 위한 진정한 열심을 주시면, 우리는 가장 넓은 의미에서의 영적 각성, 즉 세상을 깨우는 일을 위해 기도하는 데 한 몫을 하고자 하는 열망을 갖게 됩니다. 우리는 바로 그것이 지금 세상이 다른 어떤 것들보다 더 필요로 하는 것임을 알게 됩니다. 우리 중에서 많은 사람들은 거의 절망적으로 이렇게 묻습니다: "계층 간의 지독한 증오와 갈등, 탐욕에 눈이 멀어서 돈과 힘을 더 많이 갖기 위해 점점 더 치열하게 경쟁하는 열방들, 강대국들이 은밀하게 경쟁적으로 군비를 증강시키고 있는 추세, 하나님의 법과 우리 주님의 복음이 공적으로나 사적으로나 무시되고 있는 현실 — 이 모든 것이 어떻게 끝날 수 있겠는가? 영적 부흥이 전세계적으로 광범위하게 일어나서, 세상의 모든 지역에서 죄의 거센 조류를 막고, 오늘날 이 땅을 채우고 있는 악하고 무익한 세대에서 복음을 위한 새로운 길을 열어 놓지 않는다면, 이 모든 것이 어떻게 끝날 수 있겠는가?"

우리가 현재 처해 있는 곤경 속에서 영적 각성을 위한 기도는 그 자체가 이 나라 전체의 영적 각성을 위한 기도가 될 것입니다. 우리나라의 삶은 우리 땅의 한 쪽 끝에서 다른 쪽 끝까지 중단 없이 이어져 있는 하나의 살아 있는 유기체입니다. 물질숭배 사상, 댄스 열풍, 쾌락에 미쳐 있는 것, 음행, 술에 취해 살아가는 것, 불법과 무법, 하나님의 말씀에 대한 무시는 도시와 시골에서 위에서부터 아래까지 모든 국민들에게 만연되어 있는 죄악들입니다.

모든 도시와 시골에서 사회 각계각층의 모든 사람들에게 조용하고 건강하면서도 강력한 영적 각성이 일어나지 않는다면, 이 추악한 불경건한 흐름을 차단하고 이 나라를 무신론과 합리주의와 회의주의에서 건져낼 수 있는 길은 없습니다.

하지만 이 나라 전체의 영적 각성을 위한 아주 포괄적인 기도에는 언제나 우리 자신의 이웃과 우리가 살고 있는 도시의 영적 각성을 위한 기도가 반드시 수반되어야 합니다. 여기에서도 우리는 "예루살렘에서 시작해야" 한다는 것을 기억하여야 합니다. 개개인으로서의 우리에게는 일차적으로 우리가 속해 있는 가정과 공동체와 지역사회에 대해 가장 큰 책임이 주어져 있습니다. 우리가 이 일차적인 책임에서 신실함을 보일 때에만, 성령은 우리에게 더 크고 멀리 미치는 기도 제목들을 주실 수 있습니다.

영적 각성을 위한 우리의 기도는 우리가 몇몇 구체적인 개인들을 위한 중보기도 사역을 감당할 때 가장 효과적인 것이 된다는 것은 의심의 여지가 없습니다.

우리 중에서 대부분은 우리가 회심하지 않고 있던 동안에 누군가가 우리를 위해서 기도해 왔고, 우리로 하여금 인격적으로 하나님의 보좌 앞으로 나아가도록 하기 위해 기도해 왔다는 것을 발견합니다. 이 세상에서 가장 가엾은 사람은 자기를 위해 기도하는 사람이 아무도 없고, 기도 가운데서 끊임없이 그의 이름을 부르며 그를 하나님께 부탁하는 사람이 아무도 없는 사람입니다.

우리는 기도의 이 사역에 본격적으로 착수해서, 시간을 정해서 특정한 몇몇 개인들을 위해 계속해서 중보기도를 해야 합니다. 당신이 누구누구를 위해 기도해야 하는지를 가르쳐 달라고 기도의 영에게 구하십시오. 모든 신자가 그렇게 한다면, 성령은 모든 지역에 속한 회심하지 않은 사람들을 기도하는 신자들에게 다 분배해 줄 수 있을 것이고, 결국 회심하지 않은 사람들 중에서 거룩하게 되고 신실한 신자의 중보기도를 받지 않는 영혼은 단한 사람도 없게 될 것입니다.

그렇게 되면, 회심하지 않은 사람들이 계속해서 죄 가운데서 살아가는 것은 쉽지 않게 될 것입니다! 거룩한 영적 폭약들이 그들의 영혼 속에 날마다 심겨져서 마침내 그들의 회개하지 않는 삶을 근저로부터 폭파시키고 말 것입니다.

거룩한 중보기도 사역을 담당해 온 신자들이 있는 도시들과 지역사회들에 영적 부흥이 임합니다. 영적 각성은 무력을 통해서나 마법을 통해서 일어날 수 있는 것이 아닙니다. 어느 지역에 영적 각성이 준비되어 영적으로 가능한 상태가 되는 순간, 주님은 그 곳에 영적 각성을 일으킵니다. 예수님이 마가복음 9:29에서 말씀하셨듯이, 어떤 지역들에서는 힘든 싸움이 오래 지속되고, "기도와 금식"이 아니고서는 반대세력을 이길 수 없습니다.

영적 각성을 위한 기도는 어떤 곳들에서는 강력한 태풍의 형태로 이루어지기도 하고, 어떤 곳들에서는 부드러운 산들바람의 형태로 이루어지기도 합니다. 후자의 경우에는 한 번에 각성되는 사람들의 수는 그리 많지 않아서 기껏해야 한두 사람입니다. 그러나 그런 형태의 조용한 영적 각성은 오랜 시간 동안, 흔히는 여러 해에 걸쳐 지속됩니다. 여행을 하다 보면 나는 종종 몇몇 지역들에서는 영적 부흥의 역사가 끊임없이 진행되고 있다는 말을 듣습니다. 그런 곳들에는 사도행전 2:47에서 최초의 그리스도인들에 대해 아름답게 기록해 놓은 역사가 진행되고 있는 것입니다: "주께서 구원 받는 사람을 날마다 더하게 하시니라."

하나님이 어떤 형태로 영적 각성의 역사를 일으키시든지, 우리는 하나님께 감사하여야 하지만, 나는 부드러운 산들바람 같은 형태로 영적 각성이 일어나고 있을 때가 특히 열매가 많이 맺힐 가능성이 높다고 봅니다.

사역으로서의 기도에 대해 살펴본 이 장을 끝내기에 앞서, 나는 기도는 하나님의 나라에서 다른 것으로 대체할 수 없는 수고라는 사실을 강조하고 싶습니다.

우리는 이것을 정반대로 생각하기 쉽기 때문에, 이러한 사실은 우리 모두가 명심해야 할 필요가 있습니다. 우리는 하나님 나라의 일을 하느라고 정말 눈코 뜰 새 없이 바쁠 때에는, 기도를 많이 하지 않아도 별 위험이 없고 괜찮다고 생각하는 경향이 있습니다. 그런 식으로 생각하는 것이 우리의 몸에 배어 있습니다. 그리고 사탄은 기도가 정말 필요한 때에 그런 생각이 우리의 뇌리 속에 떠오르게 만듭니다.

그러므로 하나님의 성령이 우리의 심령에 역사하셔서, 우리가 해야 할 가장 중요한 사역은 세상의 떠들썩한 요란함과 사람들의 박수갈채를 멀리하고 오직 하나님 앞에 홀로 무릎 꿇고 앉아서 해야 하는 사역이라는 이 비밀이 우리의 마음속에서 늘 생생하게 불타오르게 해야 합니다.

이 기도 사역은 모든 사역 중에서 가장 중요한 사역입니다. 왜냐하면, 이 사역은 우리가 하나님의 나라에서 해야 하는 다른 모든 사역, 곧 말씀을 전하는 것과 목회 사역, 모임과 집회들, 사람들을 만나 교제하는 것, 여러 가지 행정적인 일들을 처리해야 하는 것, 헌금을 모으는 일 같은 사역들을 하고자 할 때 가장 먼저 해야 하고 결코 빠뜨려서는 안 되는 사역이기 때문입니다. 하나님 나라와 관련된 우리의 모든 사역에서 기도의 수고가 선행됨과 동시에 동반되지 않으면, 그 사역들은 하나님의 일이 아니라 인간의 일이 되어 버려서, 순조롭게 잘 이루어지지도 않을 뿐더러, 힘은 힘대로 들고

짜증만 나게 되며, 우리 자신이나 다른 사람들을 지치게 만들고, 얻어지는 열매는 없게 되고 맙니다.

기도하는 사역이 하나님 나라와 관련해서 행하는 다른 모든 사역에 선행하고 꼭 필요한 이유는 아주 간단합니다. 우리는 무력해서 우리의 힘으로는 아무것도 할 수 없기 때문에 우리의 무력함에 하늘의 능력들이 개입할 수 있게 해 드려야 하는데, 그 수단이 바로 기도이기 때문입니다. 이 하늘의 능력들이 임해야만, 우리의 삶과 다른 사람들의 삶 속에서 물이 변하여 포도주가 되고 산들이 옮겨질 수 있으며, 죄의 잠을 자고 있는 사람들이 깨어나고 죽은 자들이 살아날 수 있으며, 그 어떤 난공불락의 요새들도 함락시킬 수 있게 되고, 불가능한 것들이 가능한 일들로 바뀌게 될 수 있습니다.

많은 신자들이 사역으로서의 기도에 많은 주의를 기울여 오지 않았다는 것은 의심의 여지가 없습니다. 기도는 주로 우리의 연약하고 허약한 영적인 생명을 질식시켜서 거의 죽음에 이르게 하는 너무나 죄악되고 속된 세상의 한복판에서 날마다 하나님으로부터 그나마 조금 숨쉴 힘을 받아서 겨우 우리의 삶을 연명해 가는 수단으로 여겨집니다. 현실적으로 그것이 우리가 기도하는 이유입니다. 우리의 기도는 우리 자신과 우리와 아주 가까운 사람들로 이루어진 아주 좁은 범위에만 미칩니다. 물론 하나님의 백성들과 함께 모임을 갖게 될 때에는, 가끔씩 우리는 그 범위를 조금 넓혀서, 우리나라와 외국에서 이루어지는 하나님 나라의 큰 일들을 놓고 기도하기도 합니다. 그러나 집으로 돌아와서 일상생활을 해나가게 되면, 우리의 기도 범위는 또다시 좁혀집니다.

오직 기도의 영만이 우리에게 기도를 통해 수고하고 영적인 사역을 행하는 수단으로 기도를 사용하는 법을 가르쳐 줄 수 있습니다. 우리는 기도에서 우리의 너무나 이기적이고 나태한 모습을 볼 때마다, 우리의 무력함 가운데서 꾸짖지 않으시고 후히 주시는 하나님께 부르짖어 도움을 청해야 합니다. 하나님은 없는 것을 있게 하시는 창조의 주님이십니다. 하나님을 찬송합니다!

우리가 사역으로서의 기도에 대해 성령으로부터 배워야 할 것들 중의 하나는 기도하는 데 시간을 내는 법을 배우는 것입니다.

무슨 사역이든 사역을 하려면 시간을 내야 합니다. 기도가 우리가 매일 해야 할 일들 중의 하나라는 것이 분명해졌다면, 식사하는 것과 옷 입는 것 같은 다른 꼭 필요한 일들에 시간을 할애하는 것처럼, 우리의 일과표에서 기도를 위한 시간도 따로 정해 두어야 한다는 것도 분명해졌을 것입니다.

위에서 말한 것 같은 중보기도를 하는 데는 반드시 시간을 내지 않으면 안 됩니다. 따라서 그런 중보기도를 위해 기꺼이 시간을 희생하고자 하는 사람들 외에는 아무도 그 일을 할 수 없습니다. 이 한 가지만으로도 중보기도의 사역은 오직 자원하는 심령을 지닌 사람들만이 할 수 있다는 것이 충분히 분명해집니다. 그렇지 않은 사람들은 자신들이 그렇게 하지 못하는 것을 합리화하고도 남을 충분한 변명거리들을 발견할 것입니다. 그런 변명거리들 중 하나는 자신들에게는 전혀 시간이 없어서 중보기도를 할 시간을 도저히 낼 수 없다는 것입니다.

기도 사역이 성공적이 되게 하기 위해서는 계획을 잘 세워야 합니다.

계획을 잘 세우지 못해서 기도생활이 열매를 맺지 못하는 사람들이 많은데, 그런 사람들의 특징은 자신이 매일 언제 기도할지 그 시간을 구체적으로 정해 놓지 않고, 시간이 날 때에 기도하겠다고 계획을 세움으로써, 모든 것을 상황의 변덕에 맡겨 버리는 것입니다. 그런 사람들은 자기가 기도할 제목들을 정할 때에도 마찬가지로 주먹구구식으로 정합니다. 그들은 주로 두 가지를 고려하는데, 하나는 자신이 기도에 어느 정도의 시간을 낼 수 있느냐를 따져 보는 것이고, 다른 하나는 그 시간에 마음에 떠오르는 것들을 기도하는 것입니다.

우리 모두는 그 결과가 무엇일지를 당연히 알고 있습니다. 우리 영혼의 원수는 우리가 기도할 시간을 조금밖에 "확보하지" 못하도록 만들어서, 바로 그 한 가지 이유로 말미암아 우리로 하여금 최소한으로만 기도할 수밖에 없게 만듭니다. 또한, 이 원수는 우리의 마음을 산만하게 해서 우리가 특히 기도해야 할 것들을 잊어버리게 만듭니다.

그런 식으로 계획을 세워서 하는 기도는 결코 성공할 수 없습니다. 기도의 수고는 분명한 계획과 목적을 필요로 합니다.

기도의 골방으로 들어가기 전에 내가 무슨 사역을 해야 하는지, 나의 기도를 통해서 하나님 나라의 사역들 중에서 어떤 사람들과 어떤 일들을 하나님 앞으로 가져가야 하는지를 알고 있어야 합니다. 성령이 우리에게 하나님 나라의 일들에 대한 간절함을 더하시고 우리의 기도 범위를 넓혀 주시면, 우리가 기도해야 할 많은 것들이 우리 눈에 보이게 됩니다. 우리가 그런 것들을 종종 잊어버림으로써 우리의 기도 사역이 방해를 받게 해서는 안 됩니다. 우리가 기도해야 할 모든 사람과 구체적인 제목들을 일일이 다 기억하는 것은 어려운 일이기 때문에, 우리의 기억만을 의지하지 말고 그런 것들을 다 기록해 두고, 그 기록의 도움을 받아 기도하여야 합니다.

노르웨이의 위대한 선교사인 요한네스 존슨(Johannes Johnson)은 전에 한 선교사의 사모가 거룩한 기도의 사역에서 조금씩 훈련되어간 것에 대해 말한 적이 있습니다. 그 결과 그 사모는 자기가 기도해야 할 것들을 점점 더 많이 발견하게 되었고, 마침내 그 기도 제목들을 다 기억할 수 없을 정도가 되었습니다. 그래서 그녀는 그 모든 것들을 수첩에 기록하게 되었습니다.

이제 그녀는 기도할 시간이 되어서는 그 작은 수첩을 들고서 거기에 기록된 것들을 하나하나 하나님 앞에 아뢰기만 하면 되었습니다. 그 덕분에 그녀는 아주 많은 사람들과 수많은 복음 사업들을 위해 계속해서 하나도 빠짐없이 기도해 나갈 수 있었고, 새로운 기도 제목이 생길 때마다 즉시 그것을 자신의 작은 수첩에 적어 두었습니다. 그리고 주님이 그녀의 기도에 응답해 주셨을 때에는 그 수첩에 기록된 그 기도제목에 X표를 하고 여백에 "감사합니다"라는 말을 적어 두었습니다.

아침과 저녁에 드려야 할 기도문들과 인생의 특별한 때들을 위한 기도문들을 써놓은 옛 기도서들은 어떤 사람들에게는 도움이 되었을 것임에 틀림없지만, 나는 그런 기도서들에는 그리 믿음이 가지 않았습니다. 그러나 나는 이 선교사 사모님이 만든 그런 종류의 기도서들은 정말 적극적으로 추천하고 싶습니다.

기도서대로 기도하게 되면 틀에 박힌 기계적인 기도가 되기 쉽습니다. 그러므로 가능한 한 우리의 마음과 인격을 담아 기도하는 것이 중요합니다. 우리가 기도할 때에 일반적이고 추상적으로 기도하게 되면, 우리의 기도에는 우리의 마음과 인격이 실리지 않게 되는 경향이 있습니다. 그렇기 때문에, 어떤 사람을 위해 기도하는 경우에는 그 사람의 삶이나 관계 속에서 어떤 구체적인 것을 들어 기도해야 하고, 어떤 기독교 기관을 위해 기도하는 경우에는 그 사업과 연관된 일꾼들과 그 기관이 때때로 직면하는 특별한 어려움들이나 과제들을 언급하며 기도해야 합니다.

그렇게 할 때 우리가 기도하는 것이 더 수월해지고, 우리의 기도는 더 인격적이 되며, 하나님의 복이나 도우심을 일반적이고 추상적으로가 아니라 좀 더 구체적으로 구하는 기도가 됩니다. 루터도 우리가 구체적인 것을 놓고 기도해야 한다는 것을 강조함으로써 우리와 생각이 같다는 것을 보여 주었습니다.

우리가 이런 식으로 기도 사역을 감당하게 되면, 아주 많은 시간이 필요하게 되어서, 우리의 모든 기도 제목들을 우리의 매일의 기도 속에 다 포함시키는 것이 거의 불가능하다는 것이 자명해집니다. 따라서 그런 경우에는 자연스럽게 그 모든 기도 제목들을 한 주간의 여섯 날에 골고루 분배해서 기도하고, 기도할 시간을 많이 확보할 수 있는 주일이 되면 모든 기도 제목을 한꺼번에 다 기도하도록 계획을 세웁니다. 물론, 어떤 때에는 특정한 사람들이나 일들을 위해 기도하고 싶은 마음이 들 때가 있게 되는데, 그런 경우에는 성령의 감동을 따라 그들이나 그 일들을 위해 매일 기도하면 됩니다.

우리 시대의 그리스도인들은 바쁜 사람들입니다.

이 일의 시대에서 아무 일도 안 하고 살아가는 사람은 없습니다. 교회사 속에서 하나님의 백성이 지금처럼 많이 일하며 살았던 시대는 없었습니다. 그리고 일하는 사람들이 이토록 많은 적도 전에는 없었고, 오늘날처럼 일이 이처럼 잘 조직되어 있던 적도 없었습니다.

또한, 일은 점점 더 분업화되어 가고 있습니다. 모든 분야의 일들이 조직화되어 갑니다. 일이 날마다 그리고 아주 정확하게 진행되고 있고, 거기에는 엄청난 노력이 들어갑니다. 일이 이루어지게 하기 위해서는 시간과 힘과 관심과 돈이 계속해서 들어가야 합니다.

그리스도인들이 해야 할 일의 분야가 많아졌지만, 그 모든 일이 실제로 일부 사람들에게 집중되고 있다는 사실로부터 심각한 어려움이 생겨납니다. 그리고 이 모든 일을 담당하고 있는 사람들의 수는 실제로 그렇게 많지 않습니다.

시간이 빠듯하기 때문에, 이 사람들 중 대부분은 그러한 많은 활동들을 모두 다 지원하는 데 시간과 돈을 들이기가 어려워집니다. 그 결과 경쟁이 생겨나고, 그 경쟁은 점점 더 치열해집니다. 그러다 보니 일꾼들 중에는 지쳐서 나가떨어질 뿐만 아니라 악감정을 품게 되는 사람들도 생겨납니다.

기독교 사역이 방대해지고 복잡해졌습니다.

많은 사람들이 이미 그 규모를 축소해야 한다고 소리를 높이고 있습니다. 새로운 사업을 시작하지 말아야 하는 것은 물론이고, 가능하다면 기존의 사업도 축소해야 한다고 말합니다. 어떤 사람들은 그 정도로 과격하지는 않지만, 좀 더 조직화할 것을 요구합니다. 우리는 조직의 시대에 살고 있습니다. 그들은 더 잘 조직하면 문제가 해결될 것이라고 생각합니다.

어떤 사람들은 어떻게 하면 파국을 피할 수 있는지에 대해 그 어떤 제안도 내놓지 않습니다. 그들이 하는 것은 한숨을 쉬며 이 상태로 얼마나 버틸 수 있을지를 걱정하는 것이 전부입니다.

오늘날 우리 기독교의 자발적인 조직들의 상황을 보면, 그런 생각들은 내게는 와 닿지 않습니다. 현재의 기독교 조직과 그것을 움직이는 동력 간에 불균형이 존재한다는 데 대해서는 우리 모두가 동의하고 있다는 것은 의심의 여지가 없습니다. 그러나 조직을 움직이는 동력을 키워서 균형을 맞출 수 있기만 하다면, 조직을 축소하는 방식으로 이 불균형을 해소하고자 하는 것은 내게는 자연스러워 보이지 않습니다.

나는 나의 고향 마을에서 탈곡기를 손으로 작동했던 때를 기억합니다. 한 번 타작을 위해서는 여러 사람이 동원되어 서로 교대로 탈곡기를 작동해야 했고, 탈곡기를 가능한 한 빨리 돌려야 했기 때문에 그 작업은 매우 힘들었습니다.

반면에 지금은 탈곡 작업이 그 때와는 다르게 행해집니다. 오늘날에는 원동기 덕분에 매일 예전보다 백 배는 더 많이 탈곡할 수 있고, 사람들은 이전처럼 그렇게 많은 일을 할 필요도 없습니다. 차이를 만들어 내고 있는 것은 원동기입니다. 원동기는 단 한 번의 작동으로 곡식들을 탈곡하고 체질해서 알곡을 걸러 모아 주기 때문에, 많은 사람들의 일을 덜어 줍니다.

나는 자주 오늘날 기독교 사역이 처한 상황을 보면서 그것을 생각합니다. 기독교 조직이 너무 비대해져서 잘 돌아가지 않는 것은 우리가 그 조직을 위로부터 오는 능력을 힘입어 돌리지 않고 사람의 힘으로 돌리고 있기 때문입니다. 나는 적지 않은 개인 기도와 합심 기도가 존재한다는 것을 아주 잘 알고 있습니다. 그러나 나는 우리가 기도를 사역으로 여기고서 본격적으로 기도하지 않고 있고, 그 결과 우리의 일들을 진행해 나가고 이루어가는 문제를 하나님의 능력에 전적으로 의뢰하지 않고 있는 것은 아닌가 생각합니다. 그래서 우리의 기독교 사역은 아주 고단하고 힘들며 우리를 기진맥진하게 만듭니다.

하늘의 능력은 우리의 손에 맡겨져 있습니다. 우리는 이 능력을 제대로 사용한 적이 있습니까? 기도의 영을 달라고 기도합시다. 기도의 영이 하늘의 능력을 전달해 주는 동력선들이 깔려 있는 작업장으로 우리를 이끌 것입니다. 그 작업장의 문 위에는 이런 글귀가 적혀 있습니다: "너희가 못할 것이 없으리라."

지금 아주 강도 높게 진행되고 있는 기독교 사역의 미래는 조직이나 일들을 축소하거나 효율적으로 재편하는 데 달려 있지 않고, 하나님의 성령이 역사하셔서 우리로 하여금 기도의 사역을 감당할 수 있게 해 주시느냐의 여부에 달려 있습니다.

제4장

기도의 싸움 (1)

"시험에 들지 않게 깨어 있어 기도하라."
— 마가복음 14:38.

우리 중 대부분은 왜 기도하기가 그렇게 어렵고 힘든지를 잘 이해하지 못합니다. 왜 기도에는 그렇게 많은 어려움들이 수반되는가? 왜 우리의 기도생활은 끊임없이 힘든 일들의 연속인 것인가?

하지만 잠시만 숙고해 보면, 우리는 우리의 기도와 기도생활이 그럴 수밖에 없다는 것을 알게 됩니다. 앞에서 이미 보았듯이, 기도는 새로운 믿음의 삶에서 중심적인 기능이고, 하나님 안에서의 우리의 삶의 맥박입니다. 따라서 우리의 기도생활은 사탄이 가장 날카로운 화살들을 무수히 날려서 파괴하고자 애쓰는 표적이 될 수밖에 없다는 것은 불을 보듯 뻔한 일입니다.

사탄은 우리의 기도가 우리 자신과 다른 사람들에게 무엇을 의미하는지를 우리보다 더 잘 압니다. 이것이 그가 우리의 기도생활을 주된 공격대상으로 삼는 이유입니다. 그가 이런저런 방식으로 우리의 기도생활을 약화시킬 수 있다면, 우리가 눈치 채지 못하는 가운데 하나님 안에서의 우리의 생명을 몰래 훔쳐내고자 하는 그의 계획은 성공할 확률이 대단히 높아집니다.

이것은 우리의 영적인 생명을 우리에게서 몰래 훔쳐내는 가장 손쉬운 방법일 뿐만 아니라, 거의 소동을 일으키지 않고 아주 조용히 그 일을 처리하는 방법이기도 합니다. 사탄은 무엇보다도, 자신들이 하나님의 자녀들이라고 생각할 뿐만 아니라 다른 사람들에 의해서도 하나님의 자녀들로 인정받는 자신의 종들을 자신의 휘하에 두고 싶어 합니다.

이런 이유에서 사탄은 우리의 기도를 방해하기 위해서 자기가 가용할 수 있는 모든 수단을 총동원합니다. 그는 우리 자신의 품 속에 최고의 동맹자를 두고 있는데, 그것은 우리 안에 있는 옛 아담입니다.

성경과 우리 자신의 쓸쓸한 경험에 의하면, 우리의 육적인 본성은 하나님을 원수로 여깁니다(롬 8:7). 그리고 우리의 옛 본성은 우리가 기도 안에서 진심으로 하나님 앞으로 나아갈 때마다 자신이 죽는 것밖에는 아무것도 기대할 수 없다는 것을 압니다.

우리는 이것을 우리의 마음과 생각에 분명하게 각인시켜 놓는 것이 중요합니다. 그렇게 했을 때, 먼저 우리는 우리가 전에는 이해할 수 없었던 것, 즉 우리 속에서 때로는 강력하게 때로는 약하게 기도하기를 싫어하는 마음이 생겨나는 이유를 설명할 수 있게 됩니다. 우리 속에서 기도하기를 싫어하는 마음이 올라오더라도 우리는 그것을 염려하거나 당혹스러워해서는 안 됩니다. 그것은 단지 "육체의 소욕은 성령을 거스른다"(갈 5:17)는 오래된 진리를 우리에게 실증해 주는 것일 뿐입니다. 우리가 여기 이 땅에서 살아가는 동안에는 우리에게 육적인 본성은 존재할 수밖에 없고, 우리는 그 육적인 본성으로 인해 생겨나는 불편하고 곤혹스러운 상황들을 감내하여야 합니다.

우리는 우리의 육의 다른 모든 죄악된 욕망들을 처리하는 것과 동일한 방식으로 우리의 육이 기도하기를 싫어하는 것도 처리하여야 합니다. 즉, 그것을 하나님께로 가져가서 하나님 앞에 그 모든 것을 내려 놓아야 합니다. 그러면 예수 그리스도의 보혈이 우리를 다른 모든 죄에서 깨끗하게 해 주는 것처럼 이 죄로부터도 깨끗하게 해 줄 것입니다.

다음으로, 우리는 우리가 내내 우리 자신의 품 속에, 그리고 끊임없이 우리의 생각 속에 지니고 있는 기도를 방해하는 육적인 본성을 막아내야 한다는 것입니다. 만약 그렇게 하지 않는다면, 우리의 기도생활은 결국 힘을 잃고 소멸되고 말 것이 거의 분명합니다. 우리가 기억해야 할 것은 하나님을 원수처럼 여기는 우리의 육적인 본성은 우리와 함께 기도에 참여하는 것을 대놓고 직접적으로 거부하는 것이 아니라는 것입니다. 만일 그런 것이라면, 우리의 육에 대항한 우리의 싸움은 비교적 간단할 것입니다.

그런 것과는 반대로, 기도를 적대시하여 훼방하고자 하는 육적인 생각의 반발은 적절한 때에 간접적이고 우회적으로 매우 지능적으로 영리하게 행해집니다. 우리의 육적인 생각은 본능적이고 자동적으로 지금 기도하지 않아도 아무 문제가 되지 않는다는 것을 합리화하기 위한 모든 이유들을 총동원합니다: "너는 지금 할 일이 너무 많고 바쁘다; 너의 마음은 지금 다른 생각들로 꽉 차 있다; 너의 마음은 기도할 준비가 되어 있지 않다; 너는 나중에 더 많은 시간을 낼 수 있을 것이고, 너의 마음이 잡념에서 벗어나서 더 고요하고 집중할 수 있는 때가 올 것이며, 그 때에는 더 경건한 마음으로 기도를 할 수 있을 것이다."

끝으로, 당신은 기도하기로 결심하지만, 그 때 갑자기 이런 생각이 불쑥 떠오릅니다: "내가 먼저 해야 할 일이 있어. 그 일을 끝내고 나면, 나는 좀 더 편안한 마음으로 집중해서 기도를 잘 할 수 있게 될 거야."

그래서 당신은 기도 대신에 그 일을 먼저 합니다. 하지만 그 일을 끝낸 후에, 당신의 마음과 생각은 산만해져서, 이런저런 일들이 당신이 당장 해야 하는 일들이라고 앞 다투어 아우성치기 시작합니다. 어느새 당신도 모르는 사이에 하루가 훌쩍 다 가 버리고, 당신은 단 한 시간도 하나님 앞에서 조용히 기도하는 시간을 갖지 못했습니다.

우리의 육적인 본성은 날이면 날마다 이런 식으로 우리의 기도를 방해합니다. 그리고 이것을 명심하고 있지 않은 기도의 사람은 은밀하게 시험하는 자의 먹잇감이 되는 것을 피할 수 없습니다. 우리가 기도할 시간을 "확보하려고" 생각한다면, 우리는 여전히 우리 자신의 육적인 본성에 대해 별로 아는 것이 없는 것입니다.

우리가 날마다 우리의 기도를 방해하는 외적인 장애물들이 생겨나는 것을 눈치 채기 시작할 때, "우리의 씨름은 혈과 육을 상대하는 것이 아니요 통치자들과 권세들과 이 어둠의 세상 주관자들과 하늘에 있는 악의 영들을 상대하는"(엡 6:12) 것임을 분명하게 알게 됩니다.

하루 중에서 우리가 하나님과 기도로 교제하고자 하는 시간이 되면, 마치 사람들과 짐승들을 비롯해서 모든 것이 서로 공모하여, 그리고 무엇보다도 전화가 우리의 기도를 방해하기 위한 작전에 돌입한 듯한 상황이 벌어지는 일이 비일비재합니다. 그러한 공모 속에 감추어진 손길이 있다는 것을 아는 것은 그리 어려운 일이 아닙니다.

이러한 대적들을 알지 못하는 그리스도인에게는 화가 미칠 수밖에 없습니다!

기도와 관련해서 최초의 결정적인 싸움은 우리가 매일 하나님과 홀로 만나는 시간을 정해서 지키고자 할 때에 일어납니다. 이 시점에서 우리가 싸움에 져서 기도할 시간을 전혀 갖지 못하게 된다면, 원수는 최초의 접전에서 이미 승리를 거두고, 이 싸움은 싱겁게 끝나 버립니다.

그러나 우리가 사탄에게 승리를 거두고 기도의 골방의 문턱을 넘었다고 할지라도, 기도에서의 우리의 싸움은 결코 끝난 것이 아닙니다. 우리의 원수들은 우리의 기도의 골방까지 악착같이 우리를 쫓아옵니다. 그리고 거기에서 우리의 육적인 본성과 사탄은 다른 형태의 싸움을 새롭게 걸어옵니다.

우리의 육적인 본성은 우리가 기도의 골방에 들어가기 이전과 마찬가지로 그 이후에도 똑같이 하나님을 만나기를 두려워합니다. 그래서 우리의 기도 시간을 가능한 한 짧게 하거나, 우리의 마음을 아주 산만하게 만들어서 하나님과 홀로 대면할 기회조차 갖지 못하게 하기 위해 모든 노력을 집중합니다.

친구여, 당신은 이 싸움에 대해 알고 있습니까? 당신이 무릎을 꿇고 주님과 마주하여 대화를 나누려고 하면, 지금 당신이 해야 할 모든 일들이 당신의 마음 눈 앞에 생생하게 드러나는 것처럼 보입니다. 특히 당신이 해야 할 일들이 얼마나 많고, 그 중에서 몇 가지는 아주 급해서 빨리 처리해야 하는 일들이라는 것이 보입니다. 이런 생각들이 일어날 때, 당신은 점점 더 초조해집니다. 그런 생각들을 떨쳐 버리고 마음을 집중해서 하나님과 대화하려고 하지만, 그것은 잠시뿐이고, 또다시 그런 생각들이 이어집니다.

당신의 생각들은 하나님과 당신을 기다리고 있는 급하게 처리해야 할 일들 사이에서 오락가락하게 되고, 당신이 기도하는 시간은 하루 중에서 가장 불안하고 초조한 시간이 되어 버립니다. 당신의 마음과 생각은 문자 그대로 천 갈래 만 갈래로 찢어집니다. 기쁨과 평안과 안식은 동이 서에서 먼 것만큼이나 당신에게서 멉니다. 좀 더 기도하고자 하면 할수록, 당신이 해야 할 일들을 소홀히 하고 있다는 느낌이 더욱더 강해집니다. 좀 더 솔직하게 표현하자면, 당신이 무릎을 꿇고 시간을 보내는 것이 시간 낭비를 하고 있는 것이라는 느낌이 당신의 뇌리에 엄습합니다. 그래서 당신은 기도하기를 멈춥니다.

원수는 아주 깔끔한 승리를 거두었습니다!

기도는 우리가 우리보다 훨씬 우월한 원수들과 맞서 싸워야 하는 전장입니다. 우리가 기도의 진짜 비밀을 알지 못한다면, 우리는 그들과 싸워 백전백패할 것임은 추호의 의심도 있을 수 없는데, 그 비밀은 우리의 마음을 예수님에게 열어 드려서 우리의 곤경에 다가오실 수 있게 해 드리는 것입니다. 앞에서 이미 보았듯이, 기도는 스스로의 힘으로는 아무것도 할 수 없는 무력한 자들을 위한 것입니다. 그리고 무력하다는 것은 기도에서 장애물이 아니라 유인이자 장점으로 작용합니다. 우리가 성령으로부터 작지만 중요한 기도의 비밀을 배우는 데 성공한다면, 우리의 가만히 있지 못하고 불안해하는 생각들 및 우리의 산만한 마음과 관련해서 우리의 무력함은 기도의 장애물이 되지 않습니다. 그 비밀은, 내가 무력하다는 것은 예수님이 내 마음의 문을 두드리고 계신다는 것을 보여 주는 것이고, 그가 내게 보내시는 작은 손짓이며, 그가 내 안으로 들어와서 자신의 능력으로 역사하여 나의 곤경을 해결해 주시겠다고 나의 가련한 심령에 보내시는 작은 메시지라는 것입니다.

예수님에게는 나의 불안해하는 생각들을 다스리실 수 있는 능력이 있습니다. 그는 내 영혼의 거센 풍랑을 꾸짖으셔서 그 광분하며 날뛰는 물들을 잠잠하게 하실 수 있습니다.

빌립보서 4:7에는 그런 취지의 심오하고 아름다운 말씀이 나옵니다:

"모든 지각에 뛰어난 하나님의 평강이 그리스도 예수 안에서 너희 마음과 생각을 지키시리라."

우리의 산만한 마음과 정처 없이 떠도는 생각들을 한데 모을 수 있는 유일한 방법은 그것들을 예수 그리스도 앞으로 가져가서 예수님이 우리의 모든 마음과 생각의 구심점이 되게 하는 것입니다. 이것은 우리가 그리스도로 하여금 우리의 모든 생각들을 사로잡아 한데 모으시게 하는 것을 의미합니다. 그랬을 때 우리의 기도 시간은 하나님과 진정으로 만나는 시간이 됩니다. 원주가 원의 중심을 구심점으로 해서 도는 것과 마찬가지로, 우리의 모든 생각도 하나님을 구심점으로 해서 돌아가야 합니다.

사도는 "하나님의 평강"이 우리의 불안해하는 생각들을 하나로 모아줄 것이라고 말합니다. 내 자신의 의지를 집중해서 나의 생각들을 하나님께로 모을 수 있다고 생각하는 동안에는, 기도 속에서 안식과 평안을 발견할 수 없습니다. 그러나 나는 스스로의 힘으로 아무것도 할 수 없는 무력한 존재라는 것을 깨닫고서, 그것을 나의 불안해하는 생각들을 다스리는 문제에 적용해서, 나의 전능하신 친구인 예수님으로 하여금 내 영혼의 이 강력한 원수들을 다스리시도록 맡겨 드릴 때, 하나님의 평강이 임하여 나의 산만한 심령이 치유되고 복을 받게 됩니다. 그 때에 성령은 내 영혼에 그리스도를 새롭게 다시 설명해 주고 영화롭게 하실 수 있게 됩니다. 그러면 나의 생각들은 그리스도에게 붙잡히고 사로잡혀서 그리스도께로 이끌리게 되며 그리스도를 구심점으로 삼게 됩니다.

왜 우리는 기도 시간을 정해 놓고 기도를 해야 합니까?
그것은 선행으로 구원을 얻으려고 하는 것이 아닙니까? 그런 것은 가톨

릭에서나 하는 것이 아닙니까? 그렇게 하는 것은 사람들이 기도를 많이 해서 하나님 앞에서 공로를 쌓고자 하는 것이 아닙니까? 그것은 사람들이 지존자 앞에 더 자주 나아가서 예를 드리고 찬송을 드리면 더 큰 공로를 쌓을 수 있다고 생각하는 것이 아닙니까?

물론, 사람들은 그런 생각으로 기도 시간을 정해 놓고 기도를 많이 할 수도 있습니다. 그리고 많은 사람들이 기도를 하나님께 드리는 예배로 여긴다는 것도 의심의 여지가 없습니다. 왜냐하면, 그들은 그렇게 하는 것이 하나님이 원하시는 것이라고 생각하기 때문입니다.

그러나 우리는 이 한 가지는 분명히 해 두어야 하는데, 그것은 우리는 하나님을 위해서 기도 시간을 정해 놓고 기도하는 것이 아니라는 것입니다. 하나님은 우리의 기도를 필요로 하지 않습니다. 그것과는 정반대로, 기도를 필요로 하는 것은 바로 우리입니다.

기도 시간을 정해 두고 기도를 하면 형식적이고 기계적인 기도가 될 가능성이 농후해서 신령한 기도를 드릴 수 없기 때문에, 하루 중에서 일할 때든지 쉴 때든지 우리의 내면 속에서 기도하고 싶은 감동이 일어날 때마다 하나님을 향하여 기도하는 것이 더 낫다고 말하는 사람들이 있다는 것을 나는 압니다. 그렇게 할 때 기도는 우리 영혼이 더 자유롭고 자원하는 마음으로 하나님과 대화하는 수단이 될 것이라고 그들은 말합니다.

거기에 대한 나의 대답은 이 두 유형의 기도는 서로를 배제하는 것이 아니라는 것입니다. 도리어, 이 두 종류의 기도는 서로를 보완하는 것이 되어야 합니다.

나중에 나는 기도의 형태를 살펴보는 장에서 쉬지 않고 드리는 기도라는 주제를 자세하게 다룰 것이기 때문에, 여기에서는 이 문제를 더 이상 다루지 않을 것입니다. 하지만 나는 이 시점에서 날마다 일정한 시간을 기도 시간으로 정해서 기도해야 할 필요성에 대하여 몇 마디 해 두고자 합니다.

우리의 영혼의 삶과 관련해서 우리로 하여금 꼭 그렇게 해야 할 필요가 있게 만드는 어떤 것이 존재합니다. 우리가 매일의 일 가운데서 어디에 있든 언제든지 하나님을 바라보고 우리의 마음에 있는 것들을 아뢰어야 한다고 말하는 것은 지극히 옳습니다. 하지만 우리의 기도를 그런 것으로만 제한한다면, 우리가 얻지 못하는 것이 한 가지 있게 되는데, 그것은 하나님과 홀로 조용한 시간을 갖는 것입니다.

온 종일 아버지 하나님과 끊임없이 기도로 교제하며 사셨던 예수님조차도 무리들과 소란한 삶으로부터 물러나서 홀로 하나님과 대면하는 조용한 시간을 갖는 것이 꼭 필요하다는 것을 아셨습니다. 마가복음 1:35; 마태복음 14:23; 누가복음 6:12 ; 9:18 ; 22:41을 보십시오. 세상 및 무리와의 접촉은 우리의 마음을 산만하게 하고 우리의 생각들을 흐트러놓습니다.

그런 이유에서 우리에게는 우리 영혼이 하나님의 음성을 듣는 데 필수적인 저 고요함과 내적인 평정심을 얻을 수 있도록 주기적으로 물러나서 기도하는 것이 꼭 필요합니다.

우리는 전적으로 영적이지 않기 때문에, 외적인 것들과 조건들에 영향을 받습니다. 홀로 있는다는 것은 우리에게 많은 것을 의미합니다. 아무도 우리의 소리를 듣지 않고 우리를 보지 않을 때, 우리는 진정으로 하나님의 임재 앞에 있게 됩니다. 아무도 어떤 식으로든 우리에게 영향을 미칠 수 없고, 우리는 그 누구도 신경 쓸 필요가 없습니다.

홀로 조용한 시간을 갖는 것은 순전히 외적인 의미에서도 우리의 내적인 평정심에 아주 많은 것을 의미합니다. 우리가 우리의 주의를 외적인 것들로 분산시키는 것들로부터 떨어져 있게 될 때, 우리의 영혼은 자유롭게 내적인 활동에 전념할 수 있게 됩니다. 또는, 아마도 우리는 먼저 기도하기에 경건한 상태로 알려져 있는 저 내면적이고 수동적인 상태에 대해 말해야 할 것 같습니다. 외적인 것들이 우리의 영혼의 삶에 영향을 미쳐서 산만하게 만드는 것이 사라지게 되자마자, 우리는 기도하기에 적합한 상태가 되기 때문에, 하나님은 우리의 영혼을 조율하여 기도할 수 있게 만드십니다.

이러한 상태는 하나님의 오심을 우리에게 알리는 전령에 비유할 수 있습니다. 여기에서도 우리는 하나님이 우리에게 은혜를 베푸시는 것을 봅니다. 왜냐하면, 산만하고 세상적이며 땅의 일을 생각하는 우리 영혼을 조율하셔서 기도할 수 있는 상태로 만드는 것은 바로 하나님의 임재이기 때문입니다.

기도하는 많은 사람들이 이것을 알지 못하기 때문에, 골방으로 들어가자마자 즉시 하나님 앞에 무엇인가를 아뢰기 시작합니다. 친구여, 그렇게 하지 마십시오. 하나님께 말씀을 드리기 전에 먼저 많은 시간을 가지십시오. 고요함에게 그 영향을 당신에게 미칠 수 있는 시간을 주십시오. 당신이 홀로 있다는 사실이 힘을 발휘할 수 있는 시간을 주십시오. 당신의 영혼에게 많은 외적인 것들로부터 놓여날 시간을 주십시오. 하나님께 당신의 산만한 영혼을 어루만져 줄 기도의 전주곡을 연주하실 수 있는 시간을 드리십시오. 기도에 적합한 상태, 거룩한 수동의 상태 속에서 영혼의 모든 문들이 열려서 영혼이 영원한 것들의 세계 속으로 인도함을 받을 수 있게 하십시오.

우리는 전체적으로 기도에서 우리 자신이 지나치게 무엇인가를 하려고 하는 경향이 있습니다. 그래서 기도를 시작한 때부터 마칠 때까지 쉬지 않고 바쁘게 이런저런 것들을 하나님께 아룁니다. 하나님께 끊임없이 말하지 않으면, 우리의 기도에서 무엇인가가 잘못되거나 결핍되어 있는 것이라고 느끼는 듯이 말입니다.

물론, 기도에서 우리는 무엇인가를 해야 하고, 거기에는 하나님께 아뢰는 것도 포함되어 있습니다. 그러나 그것이 전부가 되어서는 안 됩니다. 고요하고 거룩한 기도의 시간은 우리는 잠잠히 있고, 우리 영혼의 의사이신 주님이 우리를 살피시고 진찰하시게 해 드리는 시간이기도 해야 합니다. 우리는 모든 것을 꿰뚫으시는 하나님의 거룩한 빛의 철저한 투시에 우리 자신을 맡겨 드림으로써, 영적으로 엑스레이도 찍고 철저한 검사를 받아서 우리의 문제점이 정확히 어디에 있는지가 확인될 수 있게 하여야 합니다.

우리 모두는 자연의 빛이든 인위적인 빛이든 빛은 치유의 놀라운 속성을 지니고 있다는 것을 압니다. 특히 최근에 들어서 여러 가지 질병들을 치료하는 데 이 속성을 활용하기 시작해서, 지금은 여러 종류의 강력한 빛들을 병든 부분에 쬐어서 병을 고치는 광선요법들이 존재합니다.

사람들의 영혼의 질병은 광선요법이 아니고서는 치유될 수 없습니다. 하늘의 빛이 우리의 영혼 속으로 들어와야 하고, 모든 병든 부분들이 그 빛에 노출되어야 합니다. 우리의 영혼이 깨어나서 회심하는 때에는, 우리 영혼은 구석구석마다 속속들이 하나님의 빛에 노출되고, 우리의 묵은 죄와 새로운 죄를 포함한 모든 죄가 백일하에 드러나서 고백되고 사함받으며 죽임을 당하게 됩니다. 그러나 그것만으로는 죄가 박멸되지 않기 때문에 충분하지 않습니다. 우리가 이 땅에서 살아가는 동안에는, 그러한 광선요법은 매일 계속되어야 합니다.

매일 우리가 홀로 하나님과 고요한 시간들을 가질 때, 그 시간들은 이런 종류의 광선요법이 행해지는 시간들이 되어야 합니다. 그러나 우리 모두에게 있어서 그 시간들이 실제로 치유의 시간이 되는 것은 아닙니다. 우리는 하나님께 많은 것들, 많은 선한 것들을 아룁니다. 우리는 기도 시간 내내 말을 합니다. 그리고 우리가 하고 싶은 말들을 경우에 따라 더 오래 또는 더 짧게 다하고 나서는 "아멘"으로 끝을 맺고 골방을 나와 버립니다.

당신이 의사에게 찾아가서 그렇게 했다고 생각해 보십시오. 당신은 순서를 기다리고 있다가 차례가 되면 진찰실로 들어갑니다. 의사는 당신에게 의자를 내줍니다. 그런 후에 당신이 의자에 앉아서 의사에게 당신의 병에 대해서 어디가 아프고 어떻게 아픈지를 소상히 말합니다. 그런데 당신은 꽤 긴 시간 동안 자기 병에 대해 말하고 나서는 의자에서 일어나서 의사를 향해 공손하게 인사하고는 진찰실을 나와 버렸다고 합시다. 그러면 그 의사는 어떻게 생각하겠습니까? 말하기가 좀 민망하기는 하지만, 아마도 십중팔구 그 의사는 정신 나간 사람이 실수로 자신의 진찰실에 들어와서 횡설수설하다가 가 버린 것이라고 생각할 것입니다.

하나님의 진찰실에도 그런 환자들이 매일 수도 없이 찾아옵니다. 이것도 우리의 기도 시간이 우리에게 별 의미가 없는 이유들 중의 하나입니다. 우리는 기도의 골방에 들어가자마자 나와 버립니다. 하나님은 우리가 우리 영혼의 위대한 의사이신 분에게 우리의 병에 대해 조언을 구하거나 받지도 않은 채로 나가 버리는 것을 보시면서 쓸쓸해하실 것임은 의심의 여지가 없습니다. 하나님과 만나러 간 우리는 환자가 의사를 찾아가서 행하는 것처럼 먼저 철저하게 검사를 받고 그런 후에 우리의 병을 고침받아야 합니다.

당신의 영혼의 가장 민감하고 예민한 부분인 양심에 깊이 박힌 고통이 있다면, 그것을 하나님 앞에 고하십시오. 어느 곳이 아픈지는 모르겠는데 당신의 내면 어딘가에 통증이 느껴지고 평안이 없다는 것을 아는 경우에는, 하나님이 당신을 엑스레이로 찍어서 철저하게 살피고 진단해서 당신의 병을 찾아내실 수 있도록 충분한 시간을 드리십시오.

옛적에 시편 기자가 그랬던 것처럼 이렇게 아뢰십시오:

"하나님이여 나를 살피사 내 마음을 아시며

나를 시험하사 내 뜻을 아옵소서

내게 무슨 악한 행위가 있나 보시고

나를 영원한 길로 인도하소서"(시 139:23-24).

그러면 당신이 기도할 때 무슨 일이 일어날 것입니다.

당신의 삶과 심령 속에서 당신의 영적인 삶에 해악을 끼치고, 당신이 주님의 포도원에서 일꾼으로 일할 수 없게 방해하는 것들이 어떤 것들인지가 당신에게 보이기 시작할 것입니다. 당신은 당신에게 눈물과 기쁨을 동시에 가져다 줄 결산의 때를 경험하게 될 것입니다. 그리고 새로운 평안과 확신만이 아니라 새로운 능력을 덧입고서 당신의 일터로 다시 돌아가게 될 것입니다. "여호와의 눈은 온 땅을 두루 감찰하사 전심으로 자기에게 향하는 자들을 위하여 능력을 베푸시나니"(대하 16:9).

하지만 이런 일은 싸움 없이는 일어나지 않습니다.

죄를 깨닫게 하는 것은 성령의 역사입니다. 고요한 기도의 시간은 성령이 우리에게 진지하게 말할 수 있는 아주 좋은 기회들 중의 하나입니다. 하나님의 면전에서 홀로 고요히 있을 때, 우리의 영혼은 그 어느 때보다도 더 잘 성령의 음성을 들을 수 있습니다.

보십시오. 성령은 우리에게 우리의 죄들, 곧 우리가 너무나 사랑하고 짝짜꿍이 잘 맞는 우리의 죄들에 대해 말씀해 주십니다. 하나님의 자녀들은 그 누구도 죄와 대놓고 언약을 맺지는 않습니다. 그러나 우리는 은밀하게 이런저런 죄들과 손을 잡습니다. 그리고 그 죄들은 보잘것없고 하찮은 것들이기 때문에 죄라고 할 수조차 없는 것들이라고 합리화해서 우리의 행위를 변호하고 정당화합니다.

예를 들어 보겠습니다. 당신이 홀로 하나님 앞에 나아와서 고요한 시간을 가질 때, 성령이 당신에게 돈 문제에 대하여 말씀해 주었다고 생각해 봅시다. 당신은 그동안 돈에 대한 태도에서 조금씩 잘못된 방향으로 나아갔었습니다. 그리고 성령은 그 점에 대해 진지하고 끈질기게 당신에게 말씀해 주셨습니다. 예컨대, 당신은 하나님의 말씀을 읽을 때 이상하게도 바로 그 돈 문제를 다루는 본문들을 거듭거듭 반복적으로 맞닥뜨리는 일이 일어났습니다. 설교를 들을 때마다 그와 같은 일이 벌어졌습니다. 마치 세상에 있는 모든 설교자들이 재물의 신인 맘몬에 대한 말씀을 전하기로 맹약한 것처럼 보였습니다.

당신이 기도를 통해서 하나님을 향하였을 때에는 더 큰 문제가 발생했습니다. 성령은 마치 돈 문제 외에는 아무 말씀도 하지 않기로 작정한 듯이 보였습니다. 당신은 여느 때와 다름없이 기도했지만, 성령은 조용하지만 권세가 실린 음성으로 이렇게 말씀하셨습니다: "돈! 돈! 돈! 네가 드리는 다른 기도 제목들은 다 소용이 없다. 하나님은 너의 돈 문제에 대해서 네게 말씀하시기를 원하신다. 네가 너의 돈 문제에 대해 말하고 싶지도 않고 듣고 싶지도 않다면, 네가 어떤 말로 기도하고 간구해도, 그것은 시간 낭비일 뿐이다."

당신의 심령 속에서 격렬한 싸움이 벌어지고 있다는 것을 당신은 알았습니까?

당신의 양심은 성령이 말씀하시는 것이 옳다는 것을 시인했습니다. 그러나 당신은 그것을 인정하려고 하지 않았습니다. 당신은 당신의 돈 문제에 아무런 문제가 없다고 변명했고 자신을 변호했습니다. 당신은 단지 돈을 절약하는 것일 뿐이고 결코 인색한 것이 아니었다고 속으로 말했습니다.

당신과 하나님의 성령의 싸움이 아주 격렬해졌을 때, 그러한 날카로운 고발들을 피하기 위해 당신이 의지했던 사탄의 계교가 무엇이었는지 생각이 나십니까? 당신은 중보기도에 열중함으로써 그 싸움을 피하고자 했습니다. 다른 사람들을 위해 기도하기 시작했습니다. 사람의 마음이 다른 어떤 것보다도 더 기만적이라는 것은 사실입니다.

은밀한 기도의 골방은 피비린내 나는 전쟁터입니다. 거기에서 격렬하고 결정적인 싸움들이 벌어집니다. 홀로 하나님 앞에서 고요히 무릎 꿇고 앉아 있는 골방에서, 보는 사람이나 듣는 사람이 아무도 없는 골방에서 현세에서와 내세에서 영혼들의 운명이 결정됩니다.

기도하는 것은 우리의 마음을 예수님께 여는 것입니다. 그러나 성령이 내게 어떤 죄가 있다는 것을 내 양심에 생생하게 가르쳐 주실 때 우리가 그것을 받아들이지 않고 마음을 닫아 버리면, 나의 마음 전체가 닫히게 되고, 예수님은 내 마음속으로 들어오실 수 없게 됩니다. 나는 나의 괴로운 양심을 편안하게 하고 나의 불안한 심령에서 벗어나기 위하여 내 자신이 기도라고 생각하는 것을 계속해서 해 나가려고 하지만, 기도는 멈춰 버리고 더 이상 행해지지 않습니다.

바로 이 대목에서 수많은 기도하는 심령이 결정적으로 중요한 패배를 경험해 왔습니다. 기도의 영은 그들을 떠날 수밖에 없었고, 그들을 진정으로 기도하는 사람들의 반열에서 제외할 수밖에 없었습니다.

이 책을 읽는 독자들 중에는 그런 악몽 같은 경험을 한 사람들이 분명히 있을 것입니다. 그렇기 때문에, 나는 우리가 시작할 때에 인용했던 성경 말씀을 또다시 환기시켜 드리고 싶은데, 그것은 예수님이 당신의 마음 문 밖에 서서 두드리고 계신다는 것입니다. 예수님은 당신의 마음속으로 다시 들어가고 싶어 하십니다. 예수님은 당신이 추락한 바로 그곳에서 다시 당신을 일으켜 세워 주실 수 있습니다. 당신은 자신이 대담하게도 스스로 기만적으로 행함으로써 큰 죄를 지었다고 느낍니다. 그러나 성경에 기록된 말씀을 다시 한 번 경청해 보십시오: "누구든지 내 음성을 듣고 문을 열면 내가 그에게로 들어가리라."

당신은 문을 열고자 하십니까?

당신은 예수님이 이 비유적인 말씀을 통해서 무엇을 말씀하시고자 하는지를 틀림없이 알 것입니다. 당신은 이전에 변명과 변호로 일관했던 당신의 죄를 죄로 인정하고자 하십니까? 바로 그것이 예수님으로 하여금 당신의 저 은밀한 죄로 말미암아 야기된 끔찍한 곤경과 무능으로 다가오시게 해 드리는 것입니다. 그러면 예수님은 곤경에 처해 있는 당신의 영혼으로부터 "강한 자" 사탄을 몰아내 주실 것입니다.

끝으로, 우리가 기도의 싸움에 관한 지금까지의 논의 속에서 도달한 결론들을 요약해 본다면, 이 싸움이 서로 다른 여러 전선들에서 진행된다고 할지라도, 이 싸움 전체에서 중요한 것은 오직 하나라고 말할 수 있는데, 그것은 기도의 모든 싸움은 우리를 기도의 영과 하나가 되게 하여야 한다는 것입니다. 왜냐하면, 이미 앞에서 보았듯이, 기도에 있어서 우리의 모든 어려움들은 우리가 기도의 영과 하나가 되어 있지 않다는 이 단순한 사실로부터 생겨나기 때문입니다. 우리의 기도가 기도의 영과 싸우는 것이 되는 경우가 너무나 비일비재합니다. 이것으로부터 우리는 왜 우리의 기도생활이 힘들고 고단하며 괴로운 짐이 되는지를 쉽게 알게 되고, 왜 기도를 해도 별 성과가 없고 우리의 기도가 응답받지 못하는지도 쉽게 알게 됩니다. 그리고 우리의 기도가 기도의 영과 계속해서 싸우는 것이 되면, 왜 성령이 우리에게서 떠날 수밖에 없고, 그 결과 우리의 기도생활 전체가 메마르게 되고 결국에는 죽어 버리게 되는지도 쉽게 알 수 있게 됩니다.

따라서 기도에서 우리의 싸움의 진정한 목적은, 우리의 육신적이고 영적인 필요들과 관련해서만이 아니라 무엇보다도 기도하는 것 자체와 관련해서도 우리가 철저하게 무능력하고 무력하다는 것을 깨달아서, 우리의 기도가 진정으로 기도의 영을 구하는 기도가 되게 하는 것입니다. 우리가 무엇을 놓고 기도하든, 그것이 현세적인 것이든 영적인 것이든, 작은 일이든 큰 일이든, 우리 자신을 위한 은사를 구하는 것이든 다른 사람들을 위한 은사를 구하는 것이든, 우리의 기도는 성령이 바로 그 시간에 우리에게 기도하기를 원하시는 것이 무엇인지를 듣기 위하여 주님을 조용히 기다리기로 진정으로 결단하는 것이 되어야 합니다.

기도에 경험이 많은 사람들은 누구나 기도의 영이 무엇을 말씀하시는지를 조용히 그리고 겸손하게 귀 기울이기 위해서는 지속적으로 강력한 싸움이 요구된다는 것을 압니다. 먼저, 성령이 무엇을 기도하라고 하시는지를 듣고 순종하기 위해서 싸움이 필요합니다. 예수님이 마가복음 14:38에서 말씀하신 것처럼, "깨어 있는 것"과 "싸우는 것"이 요구됩니다. 왜냐하면, "마음에는 원이로되 육신이 약하기" 때문입니다. 그러나 성령이 무엇을 기도하라고 지시하시는지를 귀 기울여 듣고 그 인도하심을 받아 기도하는 심령은 우리가 기도의 영을 거스르지 않고 도리어 하나가 되어 기도할 때 기도가 얼마나 기쁜 일인지를 경험하게 됩니다.

다음으로, 우리가 기도하는 동안에 성령께서 무엇이라고 말씀하시는지를 귀 기울여 듣기 위한 싸움이 필요합니다. 이것과 관련해서 우리에게 가장 어려운 것은 성령이 우리의 죄악된 습성들에 대하여 무엇이라고 말씀하시는지를 경청하는 것임은 의심의 여지가 없습니다. 또한, 우리에게 이런저런 사람들과 일들에 대해 말씀해 주시면서 그 사람들과 그 일들을 기억하고 기도하라고 말씀하시는 성령의 음성을 듣는 데에도 날마다 깨어 있는 것과 싸우는 것이 요구됩니다.

그러나 이것이 우리가 기도할 때 우리에게 필요한 유일한 것이 될 때, 우리는 흔히 너무나 세상적이고 땅에 속한 생각으로 가득 차 있을 때라도 우리가 실제로 기도할 수 있게 되었다는 것을 발견하게 되고, 기도가 오직 선택된 소수의 특권도 아니고 우리가 감히 넘보기 어려운 어떤 것이 아니라는 것도 발견하게 됩니다. 우리는 기도라는 것은 본질적으로 기도의 영의 문제라는 것을 깨닫기 시작합니다. 그러나 나는 그것에 대해서는 마지막 장에서 좀 더 자세하게 말하고자 합니다.

제5장

기도의 싸움 (2)

"형제들아 내가 우리 주 예수 그리스도와 성령의 사랑으로 말미암아 너희를 권하노니
너희 기도에 나와 힘을 같이하여 나를 위하여 하나님께 빌어
나로 유대에서 순종하지 아니하는 자들로부터 건짐을 받게 하고."
— 로마서 15:30-31.

사도의 이 말씀은 우리에게 기도 속에 내포된 싸움의 또 다른 싸움을 엿볼 수 있게 해 줍니다. 그는 이 본문 속에서 싸움의 형태를 취하는 중보기도에 대해 말합니다. 그의 이 동일한 사고는 골로새서 4:12-13에 약간 다른 말들로 표현되어 있습니다: "그리스도 예수의 종인 너희에게서 온 에바브라가 너희에게 문안하느니라 그가 항상 너희를 위하여 애써 기도하여 너희로 하나님의 모든 뜻 가운데서 완전하고 확신 있게 서기를 구하나니 그가 너희와 라오디게아에 있는 자들과 히에라볼리에 있는 자들을 위하여 많이 수고하는 것을 내가 증언하노라."

기도를 통한 이런 종류의 싸움은 흔히 오해되어 왔습니다.

그것은 마치 하나님이 가능한 한 자신의 은사들을 움켜쥐시고 우리에게 베푸시고자 하지 않으신다는 듯이 기도를 통해 하나님과 싸우는 것으로 생각되어 왔습니다. 이런저런 방법으로 어떻게 해서든지 하나님의 팔을 비틀어서 그것들을 받아내야 하는 것처럼 생각해 왔습니다. 그래서 기도는 하나님의 완고한 마음을 누그러뜨리고 움직여서 우리의 기도에 응답하시게 하는 수단으로 여겨졌습니다. 우리의 기도가 그것을 성공적으로 이루어 내었다면, 그것은 우리가 하나님과 치열하게 싸워서, 열렬한 탄원과 간구들로 하나님을 몰아세우고, 우리에게 필요한 것들을 울며불며 아룀으로써 그것들이 우리에게 꼭 필요한 것들임을 하나님께 확신시켜 드림은 물론이고, 하나님이 항복할 때까지 끈질기고 집요하게 하나님을 붙들고 늘어졌기 때문이라고 생각했습니다.

기도와 관련한 싸움에 대한 이러한 견해는 기독교적인 것이 아니라 이교적이라는 것을 알기 위해서는 성경을 잘 알고 있을 필요도 없습니다.

하나님은 선하신 분입니다. 하나님이 우리에게 인자하시고 너그러우시게 만들기 위해 우리가 기도하거나 기도를 통해 싸울 필요가 없습니다. "모든 사람에게 후히 주시고 꾸짖지 아니하시는 하나님께 구하라 그리하면 주시리라"(약 1:5). 하나님은 단지 선하기만 한 것이 아닙니다. 하나님은 모든 것을 아시는 분이시기 때문에, 우리에게 가장 좋은 것이 무엇인지를 언제나 알고 계십니다. 우리가 많은 말로 논증하거나 설득해서 우리에게 가장 좋은 것이 무엇인지를 하나님께 가르쳐 드리려고 애쓸 필요가 없습니다.

기도에서 싸우는 것은 하나님을 상대하여 싸우는 것이라는 생각은 통상적으로 성경의 몇몇 본문들에 토대를 두고 있습니다. 야곱이 하나님을 상대해서 씨름한 장면을 기록한 창세기 32:22-32이 그런 본문들 중의 하나입니다. 거기에서 우리는 어떻게 야곱이 하나님과 싸웠는지에 대해 듣습니다. 그는 하나님께 "당신이 내게 축복하지 아니하면 가게 하지 아니하겠나이다"(창 32:26)라고 말하며 하나님과의 싸움을 그만두려고 하지 않았습니다.

그래서 하나님은 그에게 복을 주셨지만, 야곱의 허벅지 관절에 있는 둔부의 힘줄을 쳐서 절게 만들었습니다.

신약성경 중에서 자주 인용되는 본문은 가나안 여자가 예수님을 상대로 밀고 당기는 싸움을 한 일을 기록한 본문입니다(마 15:21-28).

거기에서 우리는 이방인 조상을 둔 한 여자가 두로에서 예수님을 만났을 때에 일어난 일에 대해 듣습니다. 그녀는 귀신에 들려서 심하게 고생을 하고 있는 자신의 딸을 고쳐 달라고 예수님에게 청하였습니다. 하지만 예수님은 그녀에게 한 마디도 대답하지 않으셨습니다. 그러자 제자들이 "그 여자가 우리 뒤에서 소리를 지르오니 그를 보내소서"라고 먼저 말을 꺼냈습니다. 그제서야 예수님은 "나는 이스라엘 집의 잃어버린 양 외에는 다른 데로 보내심을 받지 아니하였노라"고 대답하셨습니다.

그러나 이 여자는 큰 곤경에 처해 있었기 때문에 포기할 생각을 하지 않았고, 예수님 앞으로 나아와서 절하며 "주여 저를 도우소서"라고 청하였습니다.

예수님은 여전히 꿈쩍도 하지 않으신 채로 다음과 같은 아주 냉정하고 가혹한 말씀으로 대답하실 뿐이었습니다: "자녀의 떡을 취하여 개들에게 던짐이 마땅하지 아니하니라." 하지만 이 여자는, 거기에 승복하고 깨끗이 물러나기를 거절했습니다. 그녀는 곧바로 예수께서 말씀하신 개에 관한 비유를 그대로 사용해서 겸손히 이런 요지의 말을 했습니다: 자녀들이 먹는 떡을 일부러 떼어서 개들에게 줄 필요가 없다. 개들은 주인의 상에서 떨어지는 부스러기만으로도 충분히 만족한다.

그러자 예수님은 마침내 항복하고서는 그녀의 간구를 들어주셨습니다.

이 두 본문은 얼핏 보면 기도를 통해서 하나님과 싸우는 심령은 실제로 하나님을 이김으로써 하나님으로 하여금 자신의 간구를 들어주시지 않을 수 없게 해야 한다는 생각을 밑받침해 주는 것으로 보인다는 것은 부정할 수 없습니다.

하지만 우리는 이 두 본문에 대한 그러한 해석은 하나님과 기도에 대한 성경 전체의 가르침과 갈등을 일으킨다는 것을 곧 알게 됩니다. 그런 이유에서 우리는 하나님이 어떤 분이시고 기도가 무엇인지에 대하여 성경 전체가 우리에게 가르쳐 주는 것들과 조화를 이루는 해석을 발견해 내려고 해야 합니다. 이것을 잠시 간단하게 생각해 봅시다.

가나안 여자가 예수님에게 그토록 간곡하게 도움을 요청했는데도 불구하고, 예수님이 그녀에게 아무런 대답도 하지 않으신 이유가 무엇이겠습니까? 예수님이 그녀에게 아무런 관심이 없었기 때문입니까? 아닙니다, 절대로 그렇지 않습니다!

제자들이 그녀를 대신해서 예수님께 청을 넣었을 때, 예수님이 자기는 오직 택함받은 자들인 이스라엘 백성에게만 보내심을 받았다고 말씀하신 이유는 무엇이겠습니까? 예컨대, 마태복음 8:5이 보여 주듯이, 예수님은 이미 그러한 원칙에서 벗어난 예외적인 행동을 보여 주신 적이 있습니다.

따라서 예수님이 가나안 여자에게 이런 반응을 보이신 것이 이 여자를 배척하고자 하셨기 때문이 아니라는 것은 예수님을 아는 모든 사람은 분명히 압니다. 그럼에도 불구하고, 예수님이 이런 일련의 기이한 행동을 하셨을 때에는, 그것은 특별한 목적이 있으셨기 때문입니다.

예수님과 함께 얼마 동안이라도 동행해 보고 기도를 통해서 그와 교제해 본 경험이 있는 사람은 누구든지 그가 이렇게 행하시는 것은 독특한 일이 아니라 모든 신자들의 삶 속에서 종종 반복해서 일어나는 일이라는 것을 압니다.

예수님은 단 한 마디도 응답하지 않으십니다.

우리는 계속해서 부르짖고, 부르짖는 횟수가 더해 갈수록 우리의 부르짖는 소리도 점점 더 커지고 격렬해집니다. 그러나 예수님으로부터는 단 한 마디도 들려오지 않습니다. 어느 정도 시간이 지난 후에, 예수님은 말씀하십니다. 그러나 우리가 그의 입에서 듣는 말씀은 우리의 관절과 골수를 쪼개기라도 하는 것 같은 날카롭고 준엄한 말씀입니다. 이것은 가나안 여자가 예수님으로부터 개들에 관한 비유를 들었던 것과 같고, 가나의 혼인잔치에서 어머니 마리아가 "여자여 나와 무슨 상관이 있나이까"라고 하신 말씀을 들었던 것과 같으며, 가버나움의 왕의 신하가 "너희는 표적과 기사를 보지 못하면 도무지 믿지 아니하리라"(요 4:48)는 대답을 들었던 것과 같습니다.

왜 예수님이 이렇게 냉정하고 가혹한 말씀들을 하시는 것입니까?

성경에는 "모든 사람에게 후히 주시고 꾸짖지 아니하시는 하나님께 구하라"(약 1:5)고 기록되어 있지 않습니까? 그렇습니다. 예수님은 후히 주시고 꾸짖지 아니하십니다. 예수님이 우리에게 하시는 말씀이 냉정하고 가혹하게 들릴 수는 있지만, 그것은 우리를 화나게 하기 위해 그렇게 하시는 것이 아닙니다. 그가 때로 우리가 이해할 수 있는 이상한 방식으로 우리를 대하시는 것은 우리에 대한 그의 사랑이 지극히 크셔서 우리가 구하는 것만이 아니라 그 이상으로 차고 넘치게 주시고자 하시기 때문입니다. 루터는 이렇게 말합니다: "우리는 은을 달라고 기도하지만, 하나님은 흔히 우리에게 은 대신에 금을 주신다."

예수님이 우리가 구하는 것보다 더 많이 주실 수 있는 여건이 되어 있는 것을 아실 때에는 언제나 그렇게 하십니다. 그리고 그렇게 하시기 위해서는 흔히 우리가 이해할 수 없는 방식으로 우리를 대하실 수밖에 없습니다.

예수님은 우리가 간구하는 것에 대하여 단 한 마디도 응답하지 않으시는 경우가 많습니다. 그렇다면, 예수님은 우리의 기도를 들으시지 않는 것입니까? 아닙니다. 예수님은 들으십니다. 우리가 기도하기 시작하는 바로 그 순간부터 우리의 기도를 들으시기 시작하셨습니다. 그러나 우리가 기도한 것들을 즉시 이루어주셨다면, 예수님이 우리를 위해 준비해 두신 것을 우리에게 주실 수 없었을 것입니다.

우리는 이것의 전형적인 예를 요한복음 11장에서 봅니다.

나사로가 병들자, 그의 누이들은 자신들의 오라버니에 대한 다음과 같은 아름다운 메시지를 예수님께 보냈습니다: "주여 보시옵소서 사랑하시는 자가 병들었나이다"(요 11:3). 이 누이들은 예수님이 이 소식을 들으면 즉시 달려오셔서 자신들이 사랑하는 오라버니를 고쳐 주실 것이라는 생각에 기쁨으로 들떠 있었습니다.

그러나 예수님은 오시지 않았습니다.

나사로의 병은 점점 더 악화되어만 갔습니다. 결국 그는 죽었고, 그의 누이들은 자신들의 사랑하는 오라버니의 시신을 매장해야 했습니다.

그 기간은 두 누이에게 시험의 때였습니다. 왜 예수님은 오시지 않은 것인가? 도움을 요청했던 자신들에게 자비를 베푸실 생각이 전혀 없으셨던 것인가? 도대체 왜 자신들의 집으로 오시지 않은 것인가? 이제는 자신들에게 더 이상 관심도 없으신 것인가? 나사로가 병에서 나아 건강하게 회복되는 것이 자신들에게 어떤 의미인지를 알지 못하신 것인가? 이제는 모든 것이 때가 너무 늦어 버렸습니다! 그들의 오라버니는 죽었을 뿐만 아니라 이미 무덤에 매장되었고, 그의 시신은 썩기 시작했습니다.

누이들은 이 모든 일이 어찌된 영문인지를 이해할 수 없었습니다. 이 누이들을 무엇보다도 가장 혼란스럽고 고통스럽게 한 것은 예수님이 어떻게 그들을 이런 식으로 대하실 수 있는지를 전혀 이해할 수 없었다는 것입니다.

도대체 왜 예수님은 그들을 그런 식으로 대하신 것입니까?

예수님은 애초부터 그들을 돕기로 결심하셨고, 그들이 그에게 구한 것보다 더 차고 넘치게 베풀어 주시기로 처음부터 작정하셨었습니다. 사실 예수님이 나사로가 죽어서 매장될 때까지 기다렸다가 오신 이유도 거기에 있었습니다. 왜냐하면 예수님은 죽은 나사로를 죽은 자 가운데서 다시 살리고자 하셨기 때문입니다.

왜 그렇게 하고자 하신 것입니까?

첫째로, 예수님이 친히 40절에서 말씀하셨듯이, 그렇게 하실 때 자신의 더 큰 능력을 나타내심으로써 "하나님의 영광"을 더 많이 나타내실 수 있을 것이었기 때문이었습니다. 예수님이 그렇게 하셨을 때, 나사로의 누이들은 그들이 구하였던 것, 즉 그들의 오라버니가 병에서 나아 건강을 회복하게 되는 응답을 받게 될 뿐만 아니라, 예수님에 대한 그들의 믿음이 한층 더 강해지고 깊어질 수 있을 것이었습니다.

둘째로, 예수님은 그렇게 하심으로써 그들에게 참된 겸손의 교훈을 가르치실 수 있을 것이었기 때문이었습니다. 예수님은 그들로 하여금 자신들이 얼마나 참을성이 없는 자들이고, 자신들의 뜻대로 되지 않으면 얼마나 많은 불평을 하는 자들인지를 깨닫게 해 주실 수 있으셨습니다. 그들은 나사로가 병들었다는 사실을 예수님께 알린 때로부터 죽은 나사로를 무덤에 묻고 나서 예수님이 그들에게 오신 때까지 그 하염없이 길게 느껴진 낮과 밤 동안에 생각과 말로 얼마나 예수님을 원망하였겠습니까. 적어도 우리는 예수님이 그들에게 오시자마자 즉시 그들이 예수님을 원망하는 말을 꺼내는 모습을 봅니다: "주께서 여기 계셨더라면 내 오라버니가 죽지 아니하였겠나이다"(요 11:21, 32).

이 작은 가족은 예수님과 아주 가깝고 친밀하게 지냈기 때문에, 그들은 예수님으로부터 특권을 받은 사람들이라는 의식을 어느 정도 갖고 있었을 가능성이 큽니다. 예수님도 그에 대한 그들의 믿음과 사랑을 특별하게 생각하셨다는 것을 나타내지 않으셨습니까?

하지만 그들이 예수님이 오시기만을 손꼽아 기다리던 그 기나긴 며칠 사이에 그런 자부심은 온데간데없이 사라져 버렸습니다. 그들은 예수님이 결국 그들의 사랑과 믿음을 별로 대단하게 여기지 않으신 것이라고 결론을 내릴 수밖에 없었고, 그런 결론과 함께 그들의 자부심도 사라졌습니다. 나사로가 다시 살아난 놀라운 이적을 통해 그들의 기도가 응답되었을 때, 그것이 그들에게 갑절로 크고 놀랍게 다가온 이유가 거기에 있습니다.

예수님이 가나안 여자의 기도에 대한 응답을 미루시고 처음에는 침묵을 통해, 그 다음에는 냉정하고 가혹한 대답을 통해 그녀를 고통스럽게 하신 것도 그런 이유 때문이었습니다. 예수님은 그녀에게 그녀의 딸을 고쳐 주시는 것은 물론이고 그것 이상의 것을 주고자 하신 것이었습니다. 그녀의 딸을 고쳐 주심과 동시에 그녀 자신에게도 귀한 것을 주고자 하셨습니다.

예수님은 사실은 사랑이 담긴 자애로우신 말씀인데도 겉보기에는 냉정하고 가혹해 보이는 말씀을 통해서 그녀의 마음 문을 두드리셨고, 그녀를 사랑하셔서 그녀를 위해 계획하신 목적을 이루실 수 있으셨습니다. 그녀는 예수님께 자신의 마음을 열었습니다.

예수님이 처음에 침묵하시거나 냉정하고 가혹한 말씀을 하신 것은 그녀를 화나게 하기 위한 것이 아니었고, 둘 모두 그녀에게 그녀 자신의 참된 상태를 깨닫게 하기 위한 것이었습니다. 결국 그녀는 예수님이 원하셨고 그녀에게 기대하셨던 태도로 예수님 앞으로 나아왔습니다. 그녀는 예수님의 발 앞에 자신을 내던지고서는, 다음과 같은 간단하면서도 감동적인 말을 통해 예수님의 자비와 긍휼에 자기 자신을 완전히 맡겼습니다: "주여 저를 도우소서."

이 가나안 여자는 거기 예수님의 발 앞에서 개들에 관한 예수님의 냉정하고 가혹한 말씀도 겸손히 진심으로 받아들입니다. "하나님의 능력 있는 손 아래에서 스스로를 낮춘" 진정으로 겸손한 영혼을 보십시오.

예수의 말씀에 의해 고침받아서 자신의 딸을 다시 돌려받았을 때, 그녀는 단지 현세에서의 자신의 고통으로부터만이 아니라 자신의 뜻을 관철시키고자 하는 이기적인 영으로부터도 구원을 받습니다. 그녀는 자신이 죄인임을 깨닫고서 스스로 낮아져서 그런 자신을, 값없이 베풀어 주시는 하나님의 은혜에 맡기는 법을 배웠습니다.

야곱이 하나님과 "씨름한" 것도 이런 것들과 동일한 방식으로 이해해야 합니다.

우리가 가장 먼저 주목해야 할 것은 하나님이 사람의 모습으로 나타나셔서 야곱을 만나 그와 씨름을 하신다는 것입니다. 하나님은 에서를 두려워하고 있던 야곱에게 그것보다 훨씬 더 위험이 그에게 존재한다는 것을 보여 주고자 하셨는데, 그것은 하나님이 야곱을 대적하고 계시는 것이었습니다. 그 밤에 야곱이 해결해야 했던 것은 그를 대적하시는 하나님과 화해하는 것이었습니다.

하나님은 야곱에게 복 주시기를 원하셨습니다. 하나님은 이미 그를 택하셔서 자신의 선민의 조상이 되게 하기로 작정하셨습니다. 그러나 야곱이 하나님에 대하여, 에서에 대하여, 그리고 그들의 나이 든 아버지에 대하여 범죄했기 때문에, 하나님은 그 복을 보류해 두셨습니다. 하나님이 이 때에 야곱에게 말씀하시고자 했던 것은 바로 이 죄들에 대한 것이었습니다. 야곱이 외적으로 하나님과 씨름하고 있는 동안에, 그의 심령 속에서는 바로 이 문제가 해결되어 가고 있었다는 것은 의심의 여지가 없습니다.

야곱은 아마도 우리 모두와 마찬가지로 하나님이 자기에게 복을 내려 주시기를 주저하고 계시기 때문에, 하나님과 싸워서 이겨야 한다고 생각했을 것입니다. 그래서 그는 다음과 같은 아주 의미심장한 표현도 사용했습니다: "당신이 내게 축복하지 아니하면 가게 하지 아니하겠나이다."

그러나 사실 하나님은 야곱이 자신의 죄들을 자복하고 하나님과 화해하고자 하기만 하면 언제든지 그에게 복을 내려 주실 준비가 되어 있으셨습니다. 그리고 우리가 방금 살펴본 사람들에게 일어난 것과 동일한 일이 그 밤에 야곱에게도 일어났습니다. 그는 자기가 구한 것 이상으로 받았습니다. 야곱은 에서와의 결정적인 싸움을 앞두고 있었고, 그 싸움에서 증오심과 복수심으로 가득 찬 에서가 야곱과 그의 가족 전체를 몰살시켜 버릴지도 모를 일이었기 때문에, 하나님이 그와 그의 권속을 도우시고 복 주시기를 기도했습니다.

하지만 하나님은 그에게 그가 구한 것을 들어주셨을 뿐만이 아니라 그 이상의 것을 주셨습니다. 하나님은 그 밤에 야곱을 만나 주셨고, 이 일은 야곱이 결코 잊을 수 없는 일이 되었습니다. 이 일은 너무나 강렬한 인상을 남

겼기 때문에, 이스라엘 민족 전체는 이 일에 대한 기억을 대대로 보존하였습니다. 그래서 그들은 모든 짐승의 "허벅지 관절에 있는 둔부의 힘줄을" 결코 먹지 않았습니다. 그들이 그렇게 한 것은 그 운명의 밤에 하나님이 야곱의 허벅지 관절에 있는 둔부의 힘줄을 쳐서 절게 하셨기 때문에, 그것을 기념하기 위한 것이었습니다.

하나님은 그 밤에 야곱을 낮추시는 은혜를 베푸셔서 그로 하여금 남은 생애 동안에 자신을 낮추고 살아갈 수 있게 해 주셨습니다. 야곱으로 하여금 자신은 보잘것없는 존재라는 것을 깨닫게 하셔서 전적으로 하나님을 의지하고 의뢰하는 삶을 살게 해 주셨습니다. 야곱이 이렇게 낮아져서 약하게 된 것은 집요하게 자신의 뜻을 관철시키고자 했던 그의 교활하고 통제 불가능한 본성으로 말미암아 적들을 많이 만들었던 그를 가장 잘 지켜 줄 수 있는 보호막이 되었습니다.

기도를 하나님을 상대로 싸우는 것이라고 여기는 잘못된 생각의 토대로 제시되는 성경 본문들을 다 살펴보았기 때문에, 이제 사도가 우리에게 다른 사람들을 위해 기도로써 함께 싸우라고 권면하고 있는 것으로 다시 돌아가 보겠습니다.

지금까지 우리가 살펴본 바에 의하면, 사도의 그러한 권면이 하나님은 우리의 기도에 응답하기를 주저하시기 때문에 우리는 기도를 통해서 하나님이 우리에게 응답하시도록 압박을 가해야 한다는 의미로 해석될 수 없다는 것이 분명해졌습니다. 도리어 그런 것과는 정반대로, 기도에서 우리의 싸움은 우리가 방금 앞에서 설명한 그런 싸움이 되어야 합니다. 유일한 차이점이 있다면, 그것은 우리는 앞에서 우리 자신과 관련된 기도에서의 싸움을 다루었던 반면에, 사도는 다른 사람들을 위한 우리의 중보기도에서의 싸움을 언급하고 있다는 것뿐입니다.

우리의 중보기도는 지금까지 앞에서 말한 것과 정확히 동일한 이유들로 인해서 우리 쪽에서의 많은 싸움을 필요로 합니다. 다른 사람들을 위한 우리의 기도에 대한 하나님의 태도에는 이해하기 어려울 뿐만 아니라 흔히 이해할 수 없는 어떤 것이 존재합니다. 그리고 그것이 이 싸움을 촉발시킵니다.

우리의 싸움은 하나님이 아니라 우리 자신과의 싸움입니다.

우리 안에는 우리의 **중보기도를 방해하는 장애물들**이 존재합니다. 기도의 영은 이 장애물들이 무엇인지를 우리에게 보여 주고, 그 즉시 싸움이 시작됩니다. 그 장애물들로는 다음과 같은 것들이 있습니다.

무엇보다도 먼저, 우리의 **이기심**이 있습니다.

물론, 중보기도의 진정한 장애물은 우리가 우리 자신과 우리에게 아주 가까운 사람들을 중심으로 좁은 테두리 안에서 살고 움직이기 때문에, 기도의 영이 우리의 심령 속에 다른 사람들을 위한 참된 열심을 만들어 낼 수 없다는 사실에 있습니다. 그 결과 우리의 중보기도는 흔히 아주 주변적인 것이 되거나 많은 경우 완전히 불가능한 것이 되고 맙니다.

하지만 성령은 이 죄에 대해서도 우리를 깨우쳐 주실 수 있습니다. 내가 다른 사람들에 대한 나의 이기적인 무관심을 인정하고 고백하자마자, 성령은 나를 그 죄로부터 구원해 주십니다. 그런 후에 기도의 영은 나의 빈 마음에 거룩한 열심을 채워 주고, 내가 기도해야 할 사람들이나 일들을 하나씩 생각나게 해 주는데, 이렇게 해서 나의 보잘것없고 미약한 중보기도가 시작됩니다!

그러나 우리가 성령의 이러한 역사를 보존해서 중보기도를 계속 해 나가고자 한다면, 우리에게는 기꺼이 싸우고자 하는 의지가 필요합니다.

예수님은 "시험에 들지 않게 깨어 기도하라 마음에는 원이로되 육신이 약하도다"고 말씀하셨습니다. 거룩한 깨어 있음이 없으면, 우리는 이내 다른 사람들을 위한 우리의 열심을 잃게 됩니다. 모든 깨어 있는 중보기도자들은 그들 자신이 어떤 존재라는 것을 알기 때문에, 날마다 그들의 마음을 다른 사람들을 위한 사랑과 열심으로 충만하게 해 주시는 주님을 늘 가까이 합니다.

두 번째로는, **우리는 편안하고 안락한 것을 사랑한다**는 것입니다.

예수님은 우리의 기도생활에서 그러한 위험성을 분명하게 보셨기 때문에, 누가복음 18:1-8에서 그것에 대해 말씀하셨습니다. 거기에서 말씀은 이런 식으로 시작됩니다: "예수께서 그들에게 항상 기도하고 낙심하지 말아야 할 것을 비유로 말씀하여"(눅 18:1). 또한, 나는 예수님이 겟세마네 동산에서 안타까운 심정으로 사도들을 꾸짖으신 말씀을 여러분에게 상기시켜 드리고자 합니다: "너희가 나와 함께 한 시간도 이렇게 깨어 있을 수 없더냐"(마 26:40).

그 밤에 사도들을 이긴 것은 편안하고 안락한 것에 대한 사랑이었습니다. 우리는 우리 자신이나 다른 사람들을 위해 어떤 문제를 놓고 기도하기 시작하고, 편안하고 안락한 것을 사랑하는 마음이 자신을 주장하기 시작하기 전까지는 모든 것이 순조롭습니다.

하지만 편안하고 안락한 것을 사랑하는 마음이 올라오기 시작하면, 기도가 지겨워지고 힘들어져서, 우리의 기도는 조금씩 짧아지고 결국에는 그치게 됩니다. 우리가 지난날을 되돌아보면 그런 부끄럽고 창피한 경험들이 헤아릴 수 없이 많다는 것을 알게 됩니다!

예수님이 우리에게 깨어 있어 기도하라고 경고하신 이유가 거기에 있습니다. 사도는 그것을 기도에서의 싸움으로 표현합니다. 그가 에바브라에 대한 소식을 골로새 교회에 전하면서, 에바브라가 골로새에 있는 신자들을 위해 늘 기도를 통해 싸우고 있다고 말할 때, 우리는 거기에서 기도의 싸움이 무엇을 의미하는지를 압니다. 우리가 우리의 중보기도의 대상인 사람들을 위한 우리의 열심을 유지하고자 하고, 그들이 처한 어려움과 곤경을 생각하고서 우리의 마음이 움직여서 그들을 위해 날마다 중보기도를 하고자 한다면, 우리 쪽에서의 싸움과 씨름이 없이는 그렇게 하고자 하는 것이 불가능하다는 것을 발견하게 됩니다.

가장 어려운 기도, 그러니까 우리에게 가장 큰 싸움을 요구하는 기도는 응답이 올 때까지 지쳐서 나가떨어지지 않고 계속해서 꾸준히 끝까지 하는 기도입니다. 첫째로, 어떤 사람이나 일을 위해 기도를 통해 싸운다는 것은 그 사람 또는 그 일과 **하나가 되어 느끼고 고난받으며 살아간다**는 것을 의미합니다. 그것만으로도 중보기도를 위해서는 치열한 싸움이 요구되는데, 특히 우리가 중보기도하는 대상이 혈연이나 우정으로 맺어진 사람이 아닌 경우에는 더욱더 그렇습니다.

둘째로, 기도를 통해 싸우는 것은 우리로 하여금 **계속해서 기도를 해 나가지 못하도록 부분적으로 또는 전면적으로 방해하는 장애물들과 맞서 싸우는 것**을 의미합니다. 또한, 그것은 우리가 내내 깨어 있어야 하고, 기도에 조금이라도 나태하게 되는 경우에는 기도의 영에게로 나아가서 즉시 바로잡는 수고를 계속해 나가야 한다는 것을 의미합니다. 이 싸움에서도 결정적인 역할을 하는 것은 기도의 영입니다.

다음과 같은 사실은 우리에게 위로가 되고 힘이 됩니다: 우리가 언제나 솔직하고 깨어 있는 상태에 있고, 우리 자신이 기도하기에 지치고 낙심하고 있다는 사실을 기도의 영이 우리에게 알게 해 줄 때마다 그런 사실을 있는 그대로 시인하고 고백하기만 한다면, 기도의 영은 우리가 기도해야 하고 우리의 관심을 집중해야 할 여러 가지 일들을 우리의 마음속에 알게 해 준다는 것입니다.

하나님이 우리에게 기도라는 방편을 주신 것은 우리에게 은혜를 주시기 위한 것임을 유념하십시오!

또한, 우리는 기도에서 수고하는 것과 기도에서 싸우는 것 간의 내적인 연결 관계에도 유념해야 합니다.

성령이 우리에게 앞에서 설명한 기도의 사역을 감당하라고 명령하실 때, 그것은 우리에게 기도를 통해 싸우라고 명령하신 것이기도 합니다. 그리고 이것은 하나님이 기도의 사역을 감당할 충분한 수의 사람들을 확보하시기가 아주 어려운 이유이기도 합니다. 이것에 대해서는 나중에 "기도 학교"를 다루는 장에서 좀 더 자세하게 설명하게 될 것입니다.

기도와 금식

마가복음 9:29에서 예수님은 "기도와 금식 외에 다른 것으로는 이런 종류가 나갈 수 없느니라"(KJV)고 말씀하십니다.

여기에서 예수님은 우리에게 기도와 관련해서 가장 큰 싸움을 소개하십니다.

예수님이 사도들 중 세 사람과 함께 변화산 위에 계시는 동안에, 어떤 사람이 말 못하는 귀신에 들린 자기 아들을 산 아래에 있던 다른 사도들에게 데려 왔습니다. 그 사도들은 그 아이에게서 귀신을 쫓아내려고 했지만 성공하지 못했습니다. 예수님이 산에서 내려오시자, 그 아버지는 자기 아들을 예수님 앞에 데려 왔고, 예수님은 그 아이를 고쳐 주셨습니다. 사도들이 자신들이 기거하던 집으로 돌아와서 그들과 예수님만이 있게 되었을 때, 왜 자신들은 귀신을 쫓아낼 수 없었던 것인지 그 이유를 예수님께 물었습니다. 그 질문에 예수님은 "기도와 금식 외에 다른 것으로는 이런 종류가 나갈 수 없느니라"고 대답하셨습니다.

기도와 금식의 관계를 살펴보기 전에, 먼저 금식이 무엇을 의미하는지를 간단하게 설명해야 합니다.

금식하는 것은 짧은 기간이든 긴 기간이든 일정 기간 동안 먹고 마시는 것을 하지 않는 것입니다.

이스라엘에서 금식은 율법이 명령한 것이었습니다. 이스라엘 민족 전체는 한 해의 특정한 날에 금식해야 했습니다(레 16:29). 포로기 이후에는 한 해에 여러 번의 금식일이 지정되었습니다(슥 8:19). 바리새인들은 거기에서 한참 더 나아가서 매주 두 번씩 금식했습니다(눅 18:12).

금식을 뜻하는 히브리어는 거룩하신 분이신 하나님 앞에 영혼이 겸손히 순복하는 것을 의미합니다. 그런 이유에서 이스라엘 백성들은 일 년에 한 번 하나님 앞에서 그들의 죄를 속하는 날이었던 대속죄일에 금식하였고, 그 밖의 다른 경우에는 민족적으로 재앙이 임한 때(삿 20:26; 욜 2:12; 욘 3:5)나 애곡하는 날(삼상 31:13)에 금식했습니다.

예수님은 금식을 폐기하지 않으시고, 옛 언약의 율법주의적인 행위에서 새 언약의 자유로운 행위로 변화시키셨습니다. 금식은 오직 내적인 필요가 존재할 때에만 행해져야 하는 외적인 행위입니다(마 9:14-15). 또한, 예수님은 자신의 경건을 과시하기 위하여 사람들에게 보이기 위한 수단으로 금식을 이용해서는 안 된다고 경고하셨습니다(마 6:16-18).

그렇다면 우리는 금식해야 합니까?

이것은 우리 시대의 수많은 그리스도인들이 제기하는 질문일 것임에 틀림없습니다. 많은 사람들이 금식을 단지 옛 언약에 속한 외적인 율법주의적인 체계의 일부이고, 로마 가톨릭이 행위로 말미암은 의를 중심으로 한 그들의 율법주의적인 체계 속으로 받아들인 것으로 여깁니다. 율법주의에서 자유로운 복음적인 그리스도인들이 금식해야 한다는 것은 그들의 사고방식에서는 전혀 어울리지 않고 이질적이며 이상한 것으로 여겨집니다.

금식을 바라보는 우리의 사고방식은 금식에 관한 예수님과 사도들의 가르침들로부터 동떨어져 있습니다. 그렇기 때문에, 지금은 의지가 약하고 쾌락을 사랑하며 허약하기 짝이 없는 우리 그리스도인들이 우리의 성화 및 우리의 기도생활과 관련해서 성경이 금식에 대해 무엇이라고 말하고 있는지를 제대로 올바르게 아는 것이 절실하게 필요한 때입니다.

먹고 마시는 것을 끊기만 하면, 그것이 곧 금식이 되는 것이 아닙니다. 실제로 금식은 먹는 것과 마시는 것, 잠자는 것과 쉬는 것, 사람들과의 교제 같이 우리의 삶에서 필수적인 여러 가지 것들을 한동안 자원해서 멀리하는 것을 의미합니다.

기간이 짧든 길든 일정 기간 그렇게 그런 것들을 멀리하는 목적은 우리의 영적인 능력들을 눈에 보이지 않는 영원한 것들에 집중하기 위해서 우리를 묶고 속박하고 있는 세상의 물질적인 것들과 우리의 주변 환경 전체로부터 우리를 어느 정도 풀려나게 하는 것입니다.

기독교적인 의미에서의 금식은 방금 앞에서 말한 우리 삶에서 필수적인 것들을 부정하거나 거룩하지 않은 것으로 보는 것을 포함하고 있지 않습니다. 도리어 정반대로 우리는 그 자체로 부정한 것은 아무것도 없다는 것을 사도로부터 배워서 알고 있습니다(롬 14:14). 그리고 음식은 하나님에 의해 창조된 것이기 때문에 감사함으로 받아서 먹으면 됩니다(딤전 4:3). 금식은 단지 어떤 경우에 우리의 영혼이 우리에게 필요한 어느 한 가지에 평소보다 더 집중할 필요가 있어서, 그 자체로 허용되고 유익한 것들을 한동안 멀리하는 것을 의미할 뿐입니다.

따라서 금식은 우리가 하나님과 홀로 대면하고 마주 앉아 기도 안에서 고요한 시간을 가질 필요성에 대해 앞에서 지금까지 말해 온 것과 전적으로 맥을 같이하고, 실제로는 그런 기도 시간의 연장이라고 할 수 있습니다. 하나님이 기도와 금식이라는 두 방편을 정하신 것은 하나님 자신이 아니라 우리를 위한 것입니다. 금식이 필요한 것은 우리입니다. 이것에 대해서는 할 말이 아주 많지만, 여기에서는 기도와 관련한 금식의 의미에 대해서만 말하고자 합니다.

우리는 지금까지 기도에 대해 설명하는 과정에서 반복적으로 접해 온 사고를 우리의 출발점으로 삼아야 하는데, 그것은 기도의 유일하게 큰 비밀은 기도의 영이라는 것입니다. 우리가 기도와 관련해서 할 수 있는 가장 중요한 것은 기도의 영과의 접촉을 견고히 하는 것입니다. 기도에서의 싸움은 결국 궁극적으로는 우리를 기도의 영으로부터 떼어놓고자 하는 온갖 내적이고 외적인 장애물들과 맞서 싸움을 벌이는 것을 의미합니다.

하나님이 우리가 기도에서 맞닥뜨리는 교묘하고 위험한 장애물들에 맞서 싸움을 수행하는 수단으로 금식을 우리에게 주신 것입니다.

예수님은 금식은 자원하는 것이어야 한다고 말씀하십니다. 어떤 그리스도인이 어떤 특정한 것이 기도를 방해하는 장애물로 작용하고 있다는 것을 발견했을 때 금식에 들어갑니다. 그것은 그가 장애물로 인식하고 느끼는 어떤 특별한 난관일 수도 있고, 그가 알지 못하는 어떤 것일 수도 있습니다. 그가 아는 것은 자기가 기도를 통해서 하나님과 교제하고 소통하는 것을 방해하고 훼방하는 어떤 것이 있다는 것입니다.

그는 자신의 산만하고 세상에 젖어 있는 심령을 한동안 물질적인 것들과 주변 환경으로부터 자유롭게 해서, 성령에게 자신의 내면 전체를 살펴서 기도의 영을 근심하게 하고 있는 것들을 찾아내어 자기에게 말해 줄 기회를 드림으로써, 기도의 영과의 막힘없는 교제와 소통을 재정립하고, 하나님의 능력이 더 강력하게 자신에게 유입될 수 있게 하기 위해서 금식에 들어갑니다.

이제 어떤 때에 그리스도인들이 자신의 삶 속에서 금식이 필요하다고 느끼게 되는지를 간단하게 살펴보겠습니다.

첫째로, 특별한 시험 가운데 있는 때입니다.

예수님은 수세 후에 사역을 위한 능력을 받으신 직후에 특별한 방식으로 시험을 받게 되셨을 때에 금식하셨습니다. 사십 일 동안이라는 긴 기간 동안 금식하셨다는 사실을 주목하십시오. 예수님은 시험들에 맞선 싸움을 아주 진지하게 수행하신 것입니다. 이것은 우리가 우리를 공격해 오는 시험들에 대하여 얼마나 무심한지를 일깨워 줍니다.

죄 없으신 예수님조차도 사탄과의 일전에 들어가시기 전에 자신의 심령을 가다듬고 집중할 필요가 있음을 느끼셨습니다.

광야에서 오천 명을 먹이신 이적을 베푸신 후에 사람들이 그를 임금으로 삼으려고 했을 때, 예수님은 비록 좀 더 짧은 시간 동안 간단한 형태이긴

하지만 즉시 밤을 지새워서 금식하시며 기도하셨는데(마 14:23), 이것은 아버지 하나님과의 변함없는 교제와 소통을 통해 마음을 하나로 모아서 그를 다시 추격해 오고 있던 시험하는 자 사탄과 맞서기 위한 능력을 덧입으시기 위한 것이었습니다.

우리를 공격해 오는 시험들이 우리에 대하여 상당한 힘을 발휘해 왔고 지금도 여전히 발휘하고 있는 이유는 우리가 금식을 통해서 하나님의 임재를 구하고 거룩함을 덧입지 않았기 때문입니다. 사실 우리가 그렇게만 한다면, 우리는 지금과는 근본적으로 다르게 시험들에 대처할 수 있습니다.

둘째로, 그리스도인들은 아주 중요한 결정을 앞두고 금식의 필요성을 느낍니다.

예수님은 자신의 사도들을 택하여 세우고자 하셨을 때, 그 일은 온 세계와 관련해서 대단히 중요한 의미를 지닌 일이었기 때문에, 그 전날의 온 밤을 아버지 하나님께 기도하며 보내셨습니다(눅 6:12). 예수님은 아버지 하나님께 늘 순종하는 관계를 유지해 오셨고, 그의 영적인 지각은 죄로 인해서 결코 무디어지지 않았지만, 그럼에도 불구하고 다음날 아버지 하나님의 인도하심을 따라 사도들을 택하여 세우는 일에 한 치의 오차도 생기지 않게 하기 위하여 자신의 마음을 하나로 모아서 온 밤을 홀로 고요히 아버지 하나님과 끊임없이 교제하고 소통하는 데 집중할 필요성을 느끼셨습니다.

이것과 관련해서 나는 사도행전 13:2에 기록된 작은 사건에 대해서도 언급하고 싶습니다: "주를 섬겨 금식할 때에 성령이 이르시되 내가 불러 시키는 일을 위하여 바나바와 사울을 따로 세우라 하시니." 성령이 안디옥 교회를 향하여 바울을 따로 세워서 최초의 선교여행을 위해 파송하라는 아주 중요한 말씀을 하신 때는 사도들이 금식하고 있었던 때였습니다. 성령의 이 말씀을 계기로 이방인들에 대한 선교 전체가 시작되었습니다.

우리가 기독교적인 의미에서의 금식을 시작함으로써 기도의 영이 우리의 심령들 속에 말할 기회를 드린다면, 우리는 그토록 수많은 성급하고 육신적인 결정들을 하지도 않을 것이고, 중요한 결정들을 앞두고서 너무도 자주 어떻게 할 줄을 몰라 갈팡질팡하는 모습을 보이지도 않게 될 것입니다. 또한, 우리는 지나치게 외적인 것들에 몰두해서, 그 결과 성령의 음성을 듣기가 매우 어려워지는 경우가 허다합니다.

셋째로, 금식은 극히 어려운 소임들을 계획하고 실행하는 데 유익합니다.

사도행전 13:3과 14:23에서 우리는 최초의 그리스도인들이 장로들을 세우거나 선교사들을 파송하는 것 같이 회중에서 중요한 일들을 행하기 전에 그 일들을 위해 금식으로 준비했다는 것을 알게 됩니다. 그렇게 한 목적은 너무나 분명합니다. 그들은 성령이 장로나 선교사로 세움을 받게 될 사람들에게 나누어 주고자 하는 은혜를 자신들의 기도와 안수를 통해 그들에게 전달될 수 있게 하기 위해, 영적으로 집중하고 그들 자신을 기도의 영의 인도하심에 전적으로 맡기고자 한 것입니다.

성령으로 충만했던 이 초기의 그리스도인들은 그런 필요성을 느꼈던 반면에, 땅의 일들에 마음을 쓰고 세상 일에 바쁘고 영적으로 빈곤하기 짝이 없는 오늘날의 그리스도인들은 금식을 아예 한 쪽으로 제쳐 놓아 버렸습니다. 우리는 금식할 필요성을 느끼지 못하는 것입니다!

물론, 금식은 자원하는 것이고, 자원해서 해야 합니다. 오직 기도의 영만이 우리를 낮추어서 우리로 하여금 주님이 우리에게 주신 모든 수단들을 감사함으로 사용할 수 있게 만들 수 있습니다.

넷째로, 금식은 하나님의 능력이 필요한 큰 일들을 행하기 전에 하는 것이 유익합니다.

예수님은 "기도 외에 다른 것으로는 이런 종류가 나갈 수 없느니라"(막 9:29)고 말씀하심으로써, 자신의 제자들이 귀신 들린 아이에게서 귀신을 쫓아낼 수 없었던 이유를 설명하십니다. 우리는 하나님의 능력이 필요한 일들에도 서로 차이가 있다는 것을 알게 됩니다. 어떤 일들은 다른 일들보다 위로부터 오는 더 큰 능력이 요구됩니다.

예수님은 여기에서 금식이 어떤 일을 위해 필요한 하나님의 능력을 임하게 할 수 있는 수단이라는 것을 보여 주십니다.

다소 기계적이기는 하지만 그래도 이 점을 생생하게 보여 주는 예화를 들자면, 우리는 이것을 전기라는 동력의 전달과 비교해 볼 수 있습니다. 더 강력한 전기를 전송하기 위해서는, 전기를 실어 나르는 동력선이 더 크고 튼튼해야 합니다.

앞에서 이미 보았듯이, 기도는 하늘로부터 오는 능력을 이 땅에 전달해 주는 케이블입니다. 따라서 예수님은 사실상 위로부터 오는 능력이 더 크고 강할 경우에는 우리 영혼과 하나님을 연결해 주는 동력선인 기도가 더 강력해야 한다고 말씀하신 것입니다.

어떻게 그렇게 될 수 있습니까?

앞에서 반복적으로 언급했듯이, 모든 것은 기도의 영에 달려 있습니다. 우리의 기도가 성령이 우리를 이끄시는 것과 다른 길로 가는 정도만큼 우리의 기도를 통해서 전달되는 하나님의 능력은 약화됩니다. 그리고 우리가 성령과 갈등을 빚고 성령을 근심하게 하는 경우에는, 우리의 기도는 한층 더 능력을 잃게 됩니다.

금식은 우리의 내적인 지각을 민감하게 하고 더 예민한 영적 통찰력을 얻게 함으로써, 우리로 하여금 극히 어려운 상황 속에서도 기도의 영이 우리에게 무엇을 기도하라고 하는지를 분명하게 분별할 수 있게 하는 데 도움을 줍니다.

아울러, 금식은 우리가 하나님의 강력한 능력이 필요한 일들을 위해 기도할 때에 우리 마음속에 존재할 수 있는 불순한 동기들을 제거하여 우리의 심령을 정결하게 하는 데 도움을 줍니다. 그러한 정화의 역사는 우리가 금식을 통해 고요한 시간을 갖고 마음을 하나로 모았을 때, 우리의 기도 속에 숨겨져 있는 우리 자신의 영광을 구하는 마음을 비롯한 불순한 동기들을 발견하고서, 그러한 사실을 하나님께 시인하고 고백하는 힘을 받아서 다음과 같이 기도할 때에 일어납니다: "주님, 내가 구하는 이 이적을 통해서 내 자신의 영광을 취하려는 마음이 내게 있어서 주님의 이름을 더럽히고 기도를 모독하는 일이 벌어질 수 있다면, 차라리 이 이적이 일어나지 않게 하시기를 구합니다. 그러나 주님이 이 이적을 허락하셔도, 내가 주님의 영광을 가리거나 주님께 속한 그 어떤 것도 모독하는 일이 일어나지 않는다면, 이 이적을 허락해 주십시오."

제6장
기도의 오용

"구하여도 받지 못함은 정욕으로 쓰려고 잘못 구하기 때문이라."

— 야고보서 4:3.

처음부터 우리는 심각한 잘못된 인식을 가지고서 기도에 접근합니다. 우리의 이기심은 끝이 없고 한계를 모릅니다. 우리는 정도 차이는 있지만 타고난 자기애(self-love) 안에서 우리 주변에서 우리가 접촉하게 되는 모든 것을 우리를 위해서 존재하는 것들이자 우리의 이익을 위해서 마음대로 활용할 수 있는 것들로 여깁니다. 우리는 마치 무생물들이든 동식물들이든 사람들이든 심지어 우리 자신의 영혼까지도 모든 것이 우리의 이기적인 욕망들을 충족시켜 주기 위해 지음받았다는 듯이 생각하고 행합니다.

하나님이라고 해서 예외는 아닙니다. 우리는 하나님을 알게 되자마자 그 즉시 하나님을 우리 자신의 목적들을 이루기 위한 또 하나의 수단으로 여깁니다. 육에 속한 자연인은 하나님과의 관계에서 의식적으로든 무의식적으로든 이 한 가지 목적을 염두에 둡니다: 어떻게 하면 나의 개인적인 이득을 위해 하나님을 가장 잘 활용할 수 있을까? 어떻게 하면 하나님으로 하여금 현재와 미래와 영원에 이르기까지 나를 최고로 떠받들며 섬길 수 있게 만들 수 있을까?

육에 속한 자연인은 기도도 그런 시각에서 바라봅니다. 어떻게 하면 기도를 활용해서 내 자신의 이득을 극대화할 수 있을까? 이것이 자연인이 하나님께 규칙적으로 기도할 동기를 거의 찾지 못하는 이유입니다. 왜냐하면, 규칙적으로 기도하는 데는 너무나 많은 노력과 시간이 요구되고, 기도해야 한다는 것을 잊어버리는 경우도 비일비재해서 전체적으로 그것을 실천하는 것이 불가능하기 때문입니다.

그러나 그런 사람이라도 이런저런 형태의 곤경에 처하게 되어서 스스로의 힘으로도 어쩔 수가 없고 남의 힘을 빌릴 수도 없는 처지가 되면, 하나님께 기도라도 해 보아야 하겠다는 생각을 하게 됩니다. 그래서 그는 자신의 곤경으로 인해서 힘드니까 이판사판이라는 생각으로 끈질기고 집요하게 기도하기 시작하고 자주 큰 소리로 부르짖어 기도하기도 합니다.

이 때에 하나님이 그의 뜻을 받아 주셔서 즉시 그의 기도에 응답해 주지 않으시면, 이 사람은 뜻밖이라는 듯이 깜짝 놀라서 실망하고 화를 낼 뿐만 아니라 크게 화를 냅니다.

하나님이 자기를 필요로 하는 사람들의 기도를 들어주시지 않는다면, 하나님이 존재할 이유가 어디에 있느냐고 대들며 화를 냅니다. 그런 사람들은 하나님이 존재하는 것은 사람들의 이기적인 욕망들을 충족시켜 주기 위해서가 아니라 다른 목적을 위해서라는 생각은 아예 처음부터 하지를 않습니다.

이런 경험을 하고 나서 기도와 영원히 작별하는 사람들이 많습니다. 하나님의 응답이 절실하게 필요한 때에 간절하게 애원하며 기도하였는데도, 자기가 구한 것을 얻지 못했을 때, 또다시 기도하고자 하는 사람이 누가 있겠습니까?

우리의 마음을 기도의 영에게 열어 드렸고 기도에 대해 어느 정도 배운 우리가 그런 사람들이 기도의 의미를 오해하였다는 것을 아는 것은 어려운 일이 아닙니다. 그들이 그런 용도로 기도를 사용한 것은 철저하게 기도를 오용한 것입니다. 그들은 기도의 본질 자체에 정면으로 역행해서 기도합니다. 이미 앞에서 말했듯이, 그런 기도가 좋은 결과로 이어지지 못하고 실망으로 끝나게 될 것임은 너무나 자명합니다.

그러나 이런 식으로 기도를 오해하고 오용하는 것은 단지 자연인들만이 아닙니다. 불행히도 많은 신자들이 흔히 그런 똑같은 잘못을 저지릅니다.

우리도 육적인 본성을 지니고 있고, 그 육적인 본성은 기도를 통해서 어떤 이득을 얻을 수 있거나 어떤 큰 고통이나 불행으로부터 벗어날 수 있는 경우에는, 우리가 기도하는 것을 반대하지 않습니다. 도리어 정반대로 우리의 육적인 본성은 기도하고자 하는 욕망을 드러내는데, 이것은 조금도 놀랍거나 이상한 일이 아닙니다.

우리는 기도를 오용하고자 하는 유혹은 우리에게 타고난 것이기 때문에, 모든 신자에게 자동적으로 찾아온다는 것을 유념해야 합니다.

마태복음 20:20-23에서 우리는 기도를 오해하고 오용해서 응답을 받지 못한 전형적인 예를 봅니다.

어느 날 세배대의 아들들이 자신들의 어머니와 함께 예수님에게 와서, 그들이 생각하기에 이제 곧 이 땅에 세워지게 될 하나님의 나라에서 가장 존귀한 자리들을 달라고 요청했습니다. 그들은 아무것도 모르는 순진함과 선한 믿음으로 그런 기도를 드린 것임에 틀림없습니다. 그들은 예수님의 사촌들이었고, 예수님의 가장 가까운 측근들 중에서도 베드로와 함께 이미 최측근에 속하는 위치에 있었습니다. 그들이 원한 것은 머지않아 이 땅에 완

성될 하나님의 나라에서 자신들이 중요한 직책들을 맡을 수 있게 하겠다는 확답을 예수님으로부터 일찌감치 받아 두는 것이었습니다.

24절에는 세배대의 아들들이 예수님께 그런 청을 했다는 말을 들은 다른 사도들이 분개했다는 말씀이 나옵니다.

그러나 예수님은 사도들과는 전혀 다른 반응을 보이셨습니다. 그리고 그것이 내가 여기에서 강조하고자 하는 것입니다. 예수님은 즉시 그들의 청은 들어줄 수 없다는 것을 분명하게 밝히신 것은 사실이지만, 그 밖의 다른 점들에서는 그들의 청을 충분히 이해하신다는 듯이 매우 인자하게 그들을 대해 주셨습니다. 그들의 잘못이 무엇인지를 조언해 주셨고, 모든 것을 그들에게 설명해 주셨습니다. 예수님이 그들에게 해 주신 권면과 충고의 말씀 전체에는 그런 자애로우심과 따뜻함이 관통하고 있었기 때문에, 그것을 듣는 우리 심령에도 훈훈한 마음이 전달됩니다.

이것은 우리가 우리 가족과 함께 예수님의 임재 앞으로 나아가서 모든 일에서 우리에게 은총을 베풀어 주시고 온갖 위험과 안 좋은 일들은 우리에게서 떠나가게 해 달라고 청할 때, 예수님이 우리에게 어떤 태도를 보여주실 것인지를 우리에게 알게 해 줍니다. 우리는 예수님이 분명히 우리의 청을 언짢아하시고 우리에게 화를 내실 것이라고 예상하지만, 실제로 예수님은 우리의 예상과는 달리 우리에게 전혀 화를 내지 않으십니다. 도리어 우리의 마음을 이해해 주시고, 우리가 잘못 생각하고 있는 것이 무엇인지를 조언해 주시며, 우리가 어떻게 기도해야 하는지를 말씀해 주십니다.

이것이 우리가 기도를 오용하여 우리 자신과 우리의 이익을 위해 어떤 것들을 구할 때마다, 기도의 영이 우리를 대하는 모습입니다. 그는 사랑이 담겨 있는 인자하신 말씀으로, 그러나 단호하게 그것은 기도의 참된 의미에 부합하지 않는다는 것을 우리에게 일깨워 주시고, 우리가 어떤 점들에서 잘못 기도한 것인지를 조목조목 보여 주십니다.

아마도 처음에는 예수님이 무슨 말씀을 하시는 것인지를 우리가 알아듣지 못하고, 기도하는 동안이나 기도를 마친 후에나 오직 우리 내면의 불안감만을 경험할 것입니다. 또한, 우리는 우리의 기도가 받아들여지지 않는다는 것도 물론 느낍니다.

정직한 심령들에게는 통상적으로 그것으로 충분합니다. 그들은 그들 자신을 살피고 그들의 기도를 점검하기 시작합니다. 자신들이 기도를 어떻게 오용했는지, "구하여도 받지 못함은 정욕으로 쓰려고 잘못 구하기 때문이라"고 한 야고보 사도의 말씀이 자신들의 기도 중 다수에 어떻게 적용될 수 있는지를 보기 시작합니다. 이것을 깨닫기 시작할 때, 그들은 기독교 사역들을 위한 그들의 열심과 기도가 그들이 그 사역들과 어느 정도로 연루되어 있는가에 따라서 달라진다는 것을 깨닫고서 깜짝 놀라고 두려워지게 됩니다.

예를 들면, 그들의 집에서 기도 모임이 열리게 되어 있는 경우에는 그들은 그 모임에 풍성한 복과 은혜가 임하게 해 달라고 대단한 열심과 끈기로 기도합니다! 그러나 그 기도 모임이 이웃집에서 열리게 되어 있는 경우에는, 그 모임을 위해서 기도하는 것조차 종종 잊어버리곤 합니다.

또는, 그들 자신이 어떤 모임에서 설교하거나 간증하거나 찬송을 하게 되어 있는 경우에는 그 모임을 위해서 밤낮으로 간절하게 기도합니다. 하지만 자신들이 맡은 순서가 없는 모임인 경우에는 그 모임을 위한 중보기도와 그 모임에 대한 관심은 완전히 달라집니다. 또는, "자신들"이 속해 있는 기관에서 사경회나 전도 집회 같은 것을 기획해서 개최하는 경우에는,

그들은 거기에 지대한 관심을 가지고 그 일을 위해 열심으로 기도합니다. 그러나 다른 기관이 비슷한 일들을 기획해서 행하는 경우에는 그 일들에 대한 그들의 열심이나 기도는 현저하게 줄어듭니다.

또는, 중요한 문제를 결정해야 할 경우에, 그들은 하나님의 뜻에 부합하는 결정을 내릴 수 있도록 하나님의 인도하심을 구하는 기도를 합니다. 그러나 그들은 자신들의 기도가 결국 하나님의 뜻이 무엇인지를 확인해서 거기에 따라 그 일을 결정하고자 하는 것이 아니라, 정반대로 그 일과 관련한 자신들의 뜻과 목적을 하나님이 그대로 수용하셔서 복을 내려 주시기를 바라고서 그런 기도를 하고 있는 자신들의 모습을 발견합니다.

자기가 그런 식으로 여러 번 기도를 오용한 경험이 있는 사람은 누구나 우리가 위에서 인용한 야고보의 말씀에 전적으로 동의할 것입니다. 그리고 그런 사람은 자신의 기도생활에서 이전보다 더 자기가 무력하다는 것을 느끼고 자신을 낮추게 될 것이고, 자신의 마음이 얼마나 지독하게 이기적이며 자신의 기도생활 전체가 얼마나 이기주의로 가득 차 있었는지를 깨닫게 될 것입니다. 그래서 그는 자신의 심령의 가장 깊은 곳에서부터 "주님, 내게 기도하는 법을 가르쳐 주십시오"라고 부르짖기 시작할 것입니다.

그랬을 때 그의 기도생활에서 큰 변화가 일어납니다. 기도할 때에도 자기 자신을 의지하지 않는 법을 배우게 된 그는 이제는 자신의 무력함을 철저하게 인정하고 기도할 때마다 기도의 영에 매달립니다. 이후로는 기도를 속되게 하고 오용하는 것에서 벗어나는 것이 그의 마음의 소원이 됩니다.

이제 길이 열렸습니다. 기도의 영은 이제 그에게 기도의 의미와, 하나님이 우리에게 기도라는 방편을 주신 목적을 조금씩 계시해 줄 수 있게 된 것입니다.

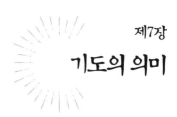

제7장
기도의 의미

> "너희가 내 이름으로 무엇을 구하든지 내가 행하리니
> 이는 아버지로 하여금 아들로 말미암아 영광을 받으시게 하려 함이라."
>
> — 요한복음 14:13.

20여 년 전에 나는 공부를 하기 위해 독일에 꽤 긴 시간 동안 머문 적이 있습니다. 한동안 열심히 공부하고 나서, 나는 약간의 휴가 시간을 갖기로 결심했습니다. 그래서 멘네도르프(Männedorf)에 있는 나이 드신 젤러(Samuel Zeller) 원로목사를 방문하기 위해 스위스로의 여행을 계획했습니다. 그는 육신의 휴식만이 아니라 영혼의 쉼도 원하는 사람들을 위해 취리히 호반에 "영적인 쉼터"를 운영하고 있었습니다.

젤러는 영적인 자질에서만이 아니라 타고난 성품에서도 특별한 은사를 지닌 분이었습니다. 그는 탁월한 조직가였고, 정신적으로나 육신적으로 병들거나 지치거나 신경쇠약에 걸린 사람들을 돌보기 위한 대규모의 기관을 점진적으로 세워 나가는 데 성공하였습니다.

그는 뛰어난 설교자였습니다. 나는 설교자로서의 타고난 재능을 지닌 사람들의 설교를 들어 보았지만, 설교자로서의 젤러를 능가하는 사람은 단 한 사람도 보지 못했습니다. 그는 모든 설교의 진정한 목표인 것, 즉 말씀을 통해서 청중들을 하나님의 임재 속으로 이끄는 것을 이루어 내는 데 성공했습니다. 젤러가 말씀을 전하면, 마치 다른 것들은 모두 다 사라지고, 내 자신이 홀로 하나님의 임재 앞에 서 있는 것 같았습니다.

그는 목회자로서도 탁월했습니다. 적어도 나는 인간의 본성에 대한 아주 심오한 지식과 인간에 대해 지극히 자애롭게 공감하는 사랑을 둘 다 겸비한 사람은 한 번도 만나 본 적이 없습니다.

끝으로, 그는 기도를 통해 사람들을 치유하는 놀라운 은사를 받았습니다. 믿음의 기도를 통해서 수많은 사람들을 도울 수 있었고, 육신적이고 영적인 많은 질병과 연약한 것들로부터 벗어날 수 있게 해 주었습니다.

하지만 내게 가장 깊은 인상을 남긴 것은 그런 것들이 아니었습니다. 나의 뇌리에 가장 강렬한 인상으로 각인된 것은 젤러의 기도였습니다.

나는 젤러의 기도보다 더 열렬하고 감동적인 기도를 많이 들어 보았지만, 그가 기도하는 것처럼 기도하는 사람은 아무도 본 적이 없습니다. 이것은 과장이 아닙니다. 다른 사람들과는 달리, 젤러의 기도는 조용했고 확신에 차 있었습니다. 그는 하나님을 잘 알고 있었고, 그래서 그의 기도에는 확신이 넘쳐났습니다.

젤러는 자기 자신에게는 아무것도 기대하지 않고 오로지 하나님에게만 모든 것을 기대하는 기도를 드렸고, 나는 지금까지 어느 누가 그런 식으로 기도하는 것을 들어 보지 못했습니다. 그는 단지 무엇이 필요한지만을 하나님께 아뢰었습니다. 나머지는 하나님이 알아서 해 주실 것임을 알았던 것입니다. 그의 기도는 하나님을 공경하는 마음이 가득한 가운데 하나님과 자연스럽게 나누는 대화 같은 것이었습니다. 그것은 마치 하나님이 좌정해 계시고, 젤러는 그 바로 앞에 서서 대화를 나누는 것 같았습니다.

우리가 아침 기도 시간에 함께 모였을 때, 젤러는 많은 것을 기도했습니다. 먼저 우리의 모임을 위해 기도했고, 다음으로는 그 기관 전체와 거기에 있는 모든 나이 들거나 병든 환자들을 위해 기도했으며, 마지막으로는 중보기도를 부탁하는 편지를 그에게 보낸 여러 나라의 모든 병자들과 불행한 일을 겪고 있는 사람들을 위해 기도했습니다. 내가 거기에 있던 짧은 기간 동안에도 노르웨이와 스웨덴을 제외한 유럽 전역의 나라들에서 그에게 편지들이 왔습니다.

　　이렇게 그는 매일 많은 사람들과 많은 일들을 위해 기도했습니다. 그러나 나는 그의 기도를 들으면서 속으로 '결국 그가 기도하는 것은 오직 한 가지, 즉 하나님의 이름을 영화롭게 해 달라는 것이구나'라는 생각을 하게 되었습니다.

　　그는 종종 이적들을 위해 기도했지만, "그것이 주의 이름을 영화롭게 하는 것이라면"이라는 단서를 빼놓지 않고 꼭 덧붙였습니다. 또한, 그는 즉시 치유해 주실 것을 기도하는 것을 서슴지 않았지만, 언제나 방금 말한 그 단서를 덧붙이는 것을 잊지 않았습니다.

　　그는 하나님이 친히 하신 약속들을 거론하며 하나님을 압박하려고 하지 않았습니다. 젤러에게 있어서 이적이 일어나게 하는 기도는 환난을 피하기 위한 수단이 아니라, 오직 하나님의 이름을 영화롭게 하는 수단일 뿐이었습니다.

　　그래서 그는 자주 이렇게 기도했습니다: "이 사람의 병을 그대로 두시는 것이 주님의 이름을 더 영화롭게 하는 것이라면, 그렇게 하십시오. 그러나 그것이 주님의 뜻이라면, 이 사람에게 자신의 병을 통해서 주의 이름을 영화롭게 할 수 있는 힘을 주십시오."

그는 다른 사람들의 병에 대해서만 그렇게 기도한 것이 아니었습니다. 다른 사람들을 치유하는 데 도구로 쓰임받고 있던 그 자신도 위험한 내장의 병을 앓고 있었고, 그는 그 병으로 인해 언제라도 고통스러운 죽음을 맞이할 수도 있었습니다. 그는 자기가 자신의 병을 통해서 하나님을 영화롭게 하도록 부르심을 받았다는 것을 알고 있었습니다.

거기에서 나는 처음으로 **기도의 목적과 의미**를 깨닫기 시작했습니다. 거기에서 나는 기도의 목적이 무엇인지를 이전보다 더 분명하게 보는 특권을 누렸습니다. 기도의 목적은 하나님의 이름을 영화롭게 하는 것이라는 깨달음이 내게 분명하게 다가왔습니다.

비늘이 내 눈에서 벗겨졌습니다. 나는 새로운 빛 가운데서 기도에서 우리 자신이 애쓰고 힘쓰는 것이 무슨 의미인지를 보았고, 기도의 오용과 기도와 연관된 어려움들을 보았습니다.

우리의 삶의 다른 모든 것이 그러하듯이, 기도생활에도 고유한 법칙들이 있습니다. 기도에서 가장 기본이 되는 법칙은 이것입니다. 즉, 기도는 하나님을 영화롭게 하기 위한 목적으로 주어지고 제정되었다는 것입니다. 기도는 우리가 예수님에게 구원을 위해 자신의 초자연적인 능력들을 행하실 수 있는 기회를 드리고자 할 때에 사용하도록 하나님이 정하신 방식입니다. 그리고 예수님은 우리를 사용하셔서 그런 역사를 베푸시기를 원하십니다.

우리는 기도를 통해서 예수님에게 우리의 심령과 우리의 육신, 우리의 가정과 우리의 이웃들, 우리나라와 온 세계, 신자들의 모임과 아직 구원받지 못한 사람들에게 다가오실 수 있는 기회를 드려야 합니다.

우리가 하나님의 팔을 비틀어서 하나님으로부터 우리 자신이나 우리의 사랑하는 사람들을 위한 어떤 이익을 얻어내기 위해서, 또는 우리에게 닥친 어떤 환난이나 어려움에서 벗어나기 위해서 기도를 사용하는 것이 아니라, 우리나 다른 사람들의 이런저런 일들을 통해서 하나님의 이름을 영화롭게 하시라고 간구하는 데 기도를 사용한다면, 기도에 대한 성경의 가장 강력하고 담대한 약속들이 우리의 연약하고 보잘것없는 기도생활 속에서도 이루어지는 것을 보게 될 것입니다. 그랬을 때, 우리는 우리가 결코 가능할 것이라고 생각해 본 적이 없는 기도 응답들을 보게 될 것입니다.

성경은 "그를 향하여 우리가 가진 바 담대함이 이것이니 그의 뜻대로 무엇을 구하면 들으심이라 우리가 무엇이든지 구하는 바를 들으시는 줄을 안즉 우리가 그에게 구한 그것을 얻은 줄을 또한 아느니라"(요일 5:14-15)고 말합니다.

사도는 자신의 서신의 독자들과 자기 자신의 기도 경험을 근거로 해서, 우리가 하나님의 뜻에 따라 어떤 것을 구하면 구하는 그 순간에 우리가 기도한 것을 이미 얻은 것이라는 사실을 확증합니다. 우리가 기도하는 동안에, 하나님은 그 즉시 우리가 구하는 것을 하늘로부터 보내신다는 것입니다. 우리는 우리가 기도하는 동안에 정확히 언제 우리의 기도가 응답될 것인지를 알지 못합니다. 그러나 하나님의 영으로 말미암아 하나님을 아는 사람은 그 응답이 즉시 이루어지든 아니면 나중에 이루어지든 응답의 "때"는 하나님의 손에 맡기고 그 기도가 이미 이루어진 것으로 믿고 살아가는 법을 압니다.

여기에서 진지하게 기도하는 나의 독자들 중 어떤 사람들은 자신이 의기소침해지는 것을 느낄 것이 틀림없습니다. 왜냐하면, 당신은 내가 지금까지 말한 것을 다 듣고서, 자기가 기도의 신성한 특권을 그동안 계속해서 오해하고 오용해 온 것은 아닌가 하는 의구심을 갖기 시작할 것이기 때문입니다. 당신은 매일의 기도생활에서 크고 작은 모든 일을 하나님께 아뢰어 왔습니다. 심지어 아주 하찮은 일들까지도 하나님께 구했습니다.

그리고 당신은 그것은 기도를 오용한 것이고, 그래서 즉시 중단해야 하는 것은 아닌가 걱정하게 됩니다. 깊은 한숨이 당신의 심령으로부터 생겨납니다. 그렇지 않습니다. 친구여, 당신은 그렇게 기도하는 것을 중단해서는 안 됩니다. 도리어 정반대로 매일 하나님과 대화할 때 **한층 더 단순하고 소박한 마음**이 되게 해 달라고 하나님께 기도해야 합니다. 당신이 하나님을 전적으로 신뢰하고 의뢰하게 되어서 당신의 매일의 삶 속에서 일어나는 모든 것을 하나님께 아뢸 수 있게 해 달라고 기도하십시오. 그것이 하나님이 원하시는 것입니다. 하나님은 우리가 그런 식으로 기도하기를 바라십니다. 틀림없이 당신은 성경이 "아무 것도 염려하지 말고 다만 모든 일에 기도와 간구로, 너희 구할 것을 감사함으로 하나님께 아뢰라"(빌 4:6)고 말하고 있다는 것을 기억하고 있을 것입니다.

하나님은 우리가 우리의 일상의 삶 속에서 얼마나 쉽게 염려하게 되는지를 아시고, 또한 우리의 일상의 삶이 큰 일들이 아니라 작은 일들로 이루어진다는 것도 아십니다. 그래서 하나님은 우리에게 다음과 같이 자상하게 말씀하십니다: "온갖 작은 일들을 내게로 가져 오너라. 내가 아주 기꺼이 너를 돕겠노라."

당신이 자신의 일상의 삶 속에서 일어나는 어떤 일을 가지고 하나님께 기도할 때, 하나님이 뭐 그런 것까지 기도하느냐며 핀잔을 주시며 들어주지 않으실 만큼 하찮고 중요하지 않은 일은 아무것도 없다는 것을 분명히 기억하십시오. 어느 날 당신의 열쇠꾸러미를 잃어버려서 찾아야 할 일이 생길 수 있습니다. 당신에게는 그 열쇠들이 꼭 필요하고, 그것도 당장 급하게 필요한데, 도무지 찾을 수가 없습니다. 하나님을 믿고 하나님 앞으로 나아가서 당신이 처한 곤경을 아뢰십시오. 또는, 당신의 아이가 밖으로 놀러나가고 없는데, 당장 심부름을 보낼 일이 생겨서 그 아이가 필요합니다. 그러나 그 아이를 찾을 시간도 없고, 당신이 직접 그 일을 할 수도 없습니다. 하늘에 계신 당신의 아버지를 믿고 그 문제를 아뢰십시오.

하지만 우리가 앞에서 말한 것, 즉 기도는 하나님의 이름을 영화롭게 할 목적으로 제정된 것이라는 사실을 잊지 마십시오. 그러므로 당신이 큰 일이든 작은 일이든 기도할 때, 하나님께 이렇게 아뢰십시오: "이 일이 주의 이름을 영화롭게 하는 일이라면, 나의 기도를 들으셔서 나를 도와주십시오. 그러나 이 일이 주의 이름을 영화롭게 하는 일이 아니라면, 나를 이 곤경 속에 그대로 두십시오. 다만 내가 처한 이 상황에서 주의 이름을 영화롭게 해 드릴 수 있는 능력을 내게 주십시오."

어떤 사람들은 그렇게 기도하면 우리의 기도의 능력과 강도가 약화될 것이라고 생각할지 모릅니다. 그러나 그런 생각은 기도 전체에 대한 오해로부터 생겨나는 것입니다. 기도한다는 것은 예수님으로 하여금 우리의 곤경에 다가오실 수 있게 해 드리는 것입니다. 그리고 오직 이런 식으로 기도함으로써만 우리의 마음을 예수님에게 여는 데 성공할 수 있습니다. 우리가 그렇게 하는 것은 예수님께 그가 원하시는 경우에, 그리고 그가 원하시는 "때"에 우리를 위해 자신의 능력을 베푸실 기회를 드리는 것입니다.

그럴 때에 깊은 평안이 우리의 심령을 채워 충만하게 할 것입니다.

앞에서 말했듯이, 기도에서의 불안은 기도의 영과 맞서 싸우는 데서 옵니다. 그러나 우리의 기도에서 오직 하나님의 이름을 영화롭게 할 것들만을 구할 때, 우리는 기도의 영과 완전히 하나가 됩니다. 그 때에 우리의 마음은 기도하는 동안에나 기도를 마친 후에나 쉼을 얻습니다. 그 이유는 이제 우리의 기도에서 오직 하나님의 이름을 영화롭게 할 것들만을 구하기 때문입니다.

그 때에 우리는 하나님을 기다릴 수 있습니다. 우리의 기도에 즉시 응답하시는 것과 나중에 응답하시는 것 중에서 어느 쪽이 하나님의 이름을 영화롭게 하는 데 최선인지를 결정하는 것을 하나님께 맡기는 것을 배웠기 때문입니다.

어떤 사람이 자신의 기도와 간구를 통해서 오직 하나님의 이름을 영화롭게 하는 것 외에는 아무것도 원하지 않을 때, 그 사람의 기도가 얼마나 담대하고 끈질긴 기도가 될 수 있는지를 보여 주는 한 가지 예를 들어 보겠습니다.

1540년에 루터의 좋은 친구였던 프레데릭 미코니우스(Frederick Myconius)가 죽을 병에 걸렸습니다. 그 자신을 비롯해서 모든 사람들은 그가 얼마 안 있어서 죽게 될 것이라고 예상했습니다. 어느 날 밤 그는 떨리는 손으로 펜을 잡고서 자기가 무척 사랑했던 루터에게 작별을 고하는 편지를 썼습니다.

루터는 그 편지를 받자마자 즉시 다음과 같은 내용의 답신을 보냈습니다: "나는 자네에게 죽지 말고 살라고 하나님의 이름으로 명하겠네. 왜냐하면, 교회를 개혁하는 일에서 내게는 아직 자네가 필요하기 때문이네……주님은 자네가 죽었다는 소식을 나로 하여금 결코 듣게 하지 않으실 것이고, 도리어 자네가 나보다 더 오래 살게 해 주실 것이네. 그것을 위해 나는 기도하고 있고, 그것이 나의 뜻이네. 나는 오직 하나님의 이름을 영화롭게 하고자 하는 것이기 때문에, 나의 뜻은 이루어질 것이네."

루터의 답신이 도착했을 때, 미코니우스는 이미 말하는 기능을 상실한 상태였습니다. 그러나 얼마 안 있어서 그는 병에서 회복되어 건강을 되찾았습니다. 그리고 루터보다 두 달이나 더 사는 거짓말 같은 일이 일어났습니다!

우리가 하나님의 눈을 똑바로 바라보고 다음과 같이 말할 수 있을 때, 우리는 가장 담대한 기도를 드릴 수 있게 됩니다: "내가 개인적인 이득을 위해서, 또는 어려움과 고난을 피하기 위해서, 또는 내 자신의 뜻을 어떤 식으로든 관철시키기 위해서 기도하고 있는 것이 아니라, 오직 주의 이름을 영화롭게 하기 위해서 기도하고 있다는 것을 주께서 아십니다."

이렇게 기도할 때, 설령 우리의 기도가 응답되지 않더라도, 우리는 마음의 평안을 가질 수 있게 됩니다.

이 시점에서 나는 **응답되지 않는 기도들**에 대해서 몇 마디 하고자 합니다.

우리의 기도들이 응답되지 않을 때, 우리 모두는 상당한 곤혹스러움을 느끼게 되고, 우리의 자녀들은 특히 그렇다는 것을 부인할 수 없습니다. 그들은 예수님에게 기도해야 한다고 가르침을 받아 왔고, 예수님은 인자하시고 선하시다는 말을 들어 왔으며, 예수님이 이 땅에 계실 때에 그에게 나아온 모든 사람을 도우셨다는 말도 들어 왔습니다. 그래서 그들은 크든 작든 모든 일을 예수님 앞으로 가지고 나와서 확신을 가지고 기도합니다. 그리고 자신들이 기도한 것이 응답될 줄을 진심으로 믿고 기대합니다.

우리 자녀들이 예수님께 어떤 것을 놓고 기도했지만 기도 응답을 받지 못했을 때, 우리 자녀들의 삶에 커다란 위기가 찾아옵니다.

그럴 때에 그 아이들에게는 우리의 도움이 꼭 필요합니다. 그들에게 가서 상황을 설명해 주어야 합니다. 그리고 아이들과 대화할 때에는 구체적이고 생생하게 얘기해 주어야 하는데, 그렇게 하지 않으면 우리의 말을 알아듣지 못합니다. 구체적인 예들이나 예화를 들어서 설명해야 합니다. 예컨대, 공기총이나 일반적인 총기를 잘못 만졌다가 오발사고가 일어나서 평생 동안 불구로 살아가게 된 아이들에 관한 기사가 신문에 종종 실리고, 아이들이 그런 식으로 죽는 일도 가끔 일어납니다. 당신은 자녀들에게 그런 사고를 예로 들어 응답받지 못한 기도를 설명해 줄 수 있습니다.

그런 사고가 왜 일어나게 되었습니까? 자녀들이 아버지나 어머니에게 공기총을 만지게 해 달라고 청했고, 부모님이 불행히도 그들의 청을 들어주었기 때문이었습니다. 부모님이 지각이 있어서 그런 위험한 무기를 자녀들이 만지는 것을 허락하지 않았다면, 그 자녀들은 끔찍한 사고로 목숨을 잃거나 평생 불구로 살게 되지는 않았을 것입니다.

우리는 하나님이 우리가 구하는 것들을 주시기를 거절할 때조차도, 그것은 하나님이 우리를 사랑하시고 아끼기 때문이라는 것을 이 예를 통해서 우리 자녀들에게 가르쳐 줄 수 있습니다.

우리는 무엇이든 아주 잘 잊어버리기 때문에, 그런 가르침을 반복해서 자주 들어야 할 필요가 있습니다. 우리는 본성적으로 우리 자신에 대한 상당한 신뢰를 가지고 있어서, 무엇이 우리에게 좋고 유익한지는 우리 자신이 가장 잘 안다고 생각합니다. 그렇기 때문에, 하나님이 우리와 생각이 다르다는 것을 알면, 그 즉시 하나님이 우리를 사랑하시거나 위하시지 않으시는 것이라고 의심합니다.

위대한 바울 사도조차도 자신의 기도에 대해 응답을 받지 못한 경험을 했습니다. 그는 어떤 것을 놓고서 자기가 세 번이나 기도했는데도 자기가 구한 것을 결국 받지 못했다고 말합니다(고후 12:9-10). 그것은 그가 선교 사역을 수행하는 데 큰 괴로움을 안겨 주었던 어떤 것이었음이 분명합니다. 그는 그것을 자기에게서 제거해 달라고 하나님께 기도했습니다. 그러나 하나님은 그가 구한 것을 거절하고 들어주지 않으셨습니다.

하나님이 그가 구한 것을 거절하신 이유는 그가 괴로움에서 벗어나기 위해서 "육체의 가시"를 자기에게서 떠나게 해 달라고 기도함으로써 기도를 오용했기 때문이 아니었습니다. 그런 것과는 정반대로, 도리어 그는 자신의 선교 사역에 방해가 되지 않게 하기 위하여 자신의 육체의 가시를 제거해 주시라고 기도한 것이었습니다. 그의 기도의 진정한 목적은 하나님의 이름을 영화롭게 하는 데 있었습니다. 그럼에도 불구하고 그의 기도는 받아들여지지 않았습니다.

바울이 이 경우에 자기가 개인적인 이익을 위해서가 아니라 하나님의 이름을 영화롭게 하기 위해서 기도하고 있는 것임을 알았기 때문에 세 번이나 반복해서 기도할 수 있었습니다.

그럼에도 불구하고 하나님이 그가 구하는 것을 들어주지 않으신 것은 바울에게 그 육체의 가시를 그대로 두는 것이 하나님의 이름을 더 영화롭게 할 수 있었기 때문이었습니다. 왜냐하면, 그렇게 했을 때 바울은 계속해서 겸비한 마음을 유지해서 언제나 오직 하나님의 능력만을 의지하는 자가 될 수 있을 것이었기 때문이었습니다.

이 기도의 싸움을 통해서 바울은 하나님과의 교제와 관련된 큰 비밀을 깨달았고, 그것을 다음과 같이 표현합니다: "이는 내가 약한 그 때에 강함이라"(고후 12:10).

심지어 하나님은 예수님이 기도로 구하신 것조차도 들어주지 않으셨습니다. 예수님도 "내 아버지여 만일 할 만하시거든 이 잔을 내게서 지나가게 하옵소서"(마 26:39)라고 세 번이나 기도하셨습니다. 이 일은 겟세마네 동산에서 사탄이 예수님을 시험해서, 예수님에게 그동안 내내 아주 분명했던 것, 즉 그가 인류를 구원하시기 위해서는 고난을 받으시고 죽으셔야 한다는 것을 모호하게 하고 흐릿하게 하고자 했을 때 일어났습니다.

그러나 시험의 칠흑 같은 어둠의 시간 속에서조차도 우리는 예수님의 순전하시고 순종하시는 마음을 봅니다. 예수님은 시험의 어둠 속에서 자신의 심정이 어떤 것인지를 솔직하게 아버지 하나님께 아룁니다. 그러나 그럼에도 불구하고 그가 진정으로 기도하고자 한 것은 이런 것이었습니다: "나의 원대로 마시옵고 아버지의 원대로 하옵소서."

이것으로부터 우리는 하나님께 기도할 때 우리의 어떤 분명한 소원을 기도하는 것이 옳은 것인지 기도하지 말아야 하는 것인지에 대해 의심이 있더라도 그 소원을 솔직하게 하나님 앞에 내어 놓는 것을 꺼리지 말아야 한다는 것을 배웁니다.

우리는 하늘에 계신 우리 아버지께 어떤 것들을 아뢰어야 하겠다고 하는 강력한 소원을 느낄 때에는 마음속에서 의심이 올라오더라도 그 의심을 무시하고 그것들을 위해 기도해야 합니다. 그러나 이와 동시에 우리는 예수님이 그러셨던 것처럼 "나의 원대로 마시옵고 아버지의 원대로 하옵소서"라는 말을 덧붙여야 합니다.

제8장
기도의 형태들

"백성들아……그의 앞에 마음을 토하라."
— 시편 62:8.

기도는 우리 심령이 하나님과 함께하는 삶의 일부이기 때문에, 우리가 삶 전반에서 발견하는 것과 똑같이 아주 다양하고 설명할 수 없는 것들을 지니고 있는 것이 특징입니다. 이것은 기도의 형태들, 즉 기도가 표현되는 방식들에 대해서도 해당됩니다. 기도는 조용한 묵상 기도로부터 온 힘을 다해 격렬하게 씨름하고 고군분투하는 기도에 이르기까지 다양한 형태로 행해질 수 있습니다.

앞에서 보았듯이, 기도는 하나님이 기도로 인정하시고 받아들이시는 우리 마음의 태도이고, 그러한 마음의 태도로서의 기도는 조용히 생각하는 것으로도, 탄식하는 것으로도, 귀로 들을 수 있는 말로도 표출되어 나올 수 있습니다.

기도는 인격을 지닌 사람이 인격적인 하나님과 함께하는 삶의 표현이기 때문에, 인격적인 삶의 형태들과 특징들을 취하게 됩니다. 사람들 간의 대화는 어떤 정해진 규칙과 규율에 따라서가 아니라 그 때 그 때 상황에 의해서 요구되는 것들을 따라 자유롭고 자발적으로 행해진다는 것을 우리는 압니다. 그것이 사람들 간의 대화를 인격적이고 생명력이 있으며 신선하게 만듭니다. 그런 의미에서 좀 더 인격적인 대화는 말로 이루어지고, 말로 이루어지는 대화는 생명이 생명을 상대로 생각들을 서로 교환하는 진정한 소통이 됩니다.

기도도 마찬가지입니다.

기도는 지음받은 인격과 인격적인 창조주 간에 생명의 근원이신 분과 생명이 서로 만나 이루어지는 자유롭고 자발적인 생명의 교제여야 합니다. 기도는 아무런 제약 없이 허심탄회하게 우리 마음의 소원들을 자유롭고 자연스럽게 표현하는 것이 될수록 더 참된 기도가 됩니다.

우리의 심령과 하나님 간의 소통의 아주 중요한 수단인 기도는 하나님에 대한 깊은 묵상 속에서 눈과 눈이 마주치는 저 고요하고 복된 관상기도에서부터 놀라움과 기쁨과 감사함과 경배를 담은 깊은 탄식이나 갑작스러운 외침에 이르기까지 아주 다양한 형태를 취할 수 있습니다. 기도는 "하나님!" "예수님!"이라고 외치는 외마디의 말로 이루어진 형태를 취할 수도 있고, 여러 시간에 걸쳐 조용히 소곤거리며 대화하는 형태를 취할 수도 있으며, 극심한 싸움 속에서 심하게 흥분된 우리 심령의 부르짖음일 수도 있습니다.

이런 온갖 형태의 기도들은 각각 기도생활의 어떤 국면과 잘 부합하는데, 우리는 그것을 다음과 같은 주된 표제들로 분류해 볼 수 있습니다:

1. 간구하는 기도
이것은 하나님께 어떤 것을 받기 위해서 구하는 기도를 의미합니다. 그렇기 때문에 당연히 기도의 그런 측면이 언제나 전면에 부각됩니다. 실제로 성경에서 기도를 가리키기 위해 가장 자주 사용되는 이 단어는 우리가 원하는 소원을 표현하는 것을 의미합니다.

이 기도는 우리와 아버지 하나님의 관계와 관련된 아름다운 측면을 담고 있습니다.

우리의 자녀들이 자유롭게 자발적으로 우리에게 와서 자기가 갖고 싶은 것들을 얘기하듯이, 우리가 하늘에 계신 우리 아버지에게 확신을 가지고 자유롭게 나아가서 우리가 원하는 것이 무엇인지를 아뢰는 것은 아버지 하나님의 뜻입니다. 나는 내가 앞에서 말한 그 어떤 것도 기도가 지닌 이 은혜롭고 자비로운 측면을 가리지 않았기를 소망합니다.

성경은 "아무 것도 염려하지 말고 다만 모든 일에 기도와 간구로, 너희 구할 것을 감사함으로 하나님께 아뢰라"(빌 4:6)고 말합니다. 거기에는 우리가 나중에 잘못 사용된 기도들이라는 것을 알게 될 그런 간구들도 포함됩니다. 달리 말하면, 당신이 하나님 앞에서 섰을 때 기도를 잘못 사용할 것이 두렵고 염려되어서, 당신의 마음이 원하는 것들을 하나님께 표현하고 아뢰지 못하는 일이 있어서는 안 된다는 것입니다.

우리 부모 된 사람들은 우리의 자녀들이 우리에게 와서 자신들이 원하는 것이 무엇인지를 말해 주기를 바랍니다. 그런 후에야 우리는 우리 자녀들에게 그것을 주는 것이 그들에게 유익한 것인지 주지 않는 것이 유익한 것인지를 헤아려서 줄 것인지 말 것인지를 결정할 수 있습니다. 그리고 그들이 원하는 것들을 다 들어줄 수 없고, 그 중에서 많은 경우는 주어서는 안 된다는 것이 판명이 나서 주지 않았다고 할지라도, 우리는 그들이 계속해서 우리에게 와서 자신들이 원하는 것을 말해 주기를 바랍니다.

기도하는 친구여, 당신이 자주 기도를 잘못 사용한다고 할지라도, 그럼에도 불구하고 모든 일에서 당신이 원하는 것을 하나님께 계속해서 아뢰십시오. 우리가 하나도 빠짐없이 모든 것을 서로에게 얘기할 수 있을 때, 그런 대화만이 우리에게 진정한 자유와 안도감을 줄 수 있습니다. 당신이 구한 것을 줄지 말지는 주님으로 하여금 결정하게 하십시오.

주님은 당신이 구한 것을 당신에게 주실 수 없는 경우에는 전에 세배대의 아들들(마 20:20-23)과 바울(고후 12:7-10)에게 하셨듯이 당신에게도 그렇게 하실 것입니다. 즉, 주님은 당신의 기도가 들어줄 수 없는 것임을 당신이 납득할 때까지 당신의 마음을 십분 공감하시는 가운데 왜 그 기도를 들어줄 수 없는지에 대해 자상하고 자애롭게 당신에게 말씀해 주실 것입니다.

그런 경험을 통해서 당신은 세 가지 선한 일들을 배우게 될 것입니다. 첫 번째는, 하나님이 아주 멀리까지 내다보는 가운데 당신을 진심으로 염려하고 돌보고 계신다는 것이고, 두 번째는, 당신의 지혜가 부족하고 이기적으로 기도한다는 사실이며, 세 번째는, 당신에게는 당신의 마음이 원하는 모든 것들을 기도를 통해 제한 없이 자유롭게 표현하고 아뢸 수 있는 자유가 주어져 있다는 것입니다.

2. 감사 기도

간구하는 기도 다음에는 당연히 감사 기도가 뒤따릅니다. 하나님으로부터 우리가 구한 것을 받은 후에는 그것에 대해 하나님께 감사를 돌리는 것이 마땅하다는 것은 자명합니다.

성경에는 하나님께 감사하라고 직간접적으로 권고하는 말씀들이 많이 나오는데, 그 중에서 가장 강력한 것은 에베소서 5:20에 나옵니다: "범사에 우리 주 예수 그리스도의 이름으로 항상 아버지 하나님께 감사하며."

이것은 감사 기도가 무엇을 의미하는 것인지를 잘 보여 줍니다. 또한, 이 말씀으로부터 우리는 감사를 드리는 것이 기도의 아주 본질적인 부분을 구성한다는 것을 알게 됩니다.

하지만 감사 기도는 아주 어려운 유형의 기도입니다. 우리가 기도하는 법을 배우기는 어렵습니다. 그러나 감사기도를 드리는 법을 배우기는 더 어렵습니다.

우리 자녀들을 보십시오! 우리는 그들에게 자신들이 원하는 것들을 놓고서 기도하는 것을 가르칠 필요가 없습니다. 그러나 그들에게 "감사합니다"라고 말하는 법을 훈련시키기 위해서는 끈기 있게 반복적으로 가르쳐야 합니다.

우리는 하나님은 지극히 크시고 이루 말할 수 없이 존귀하셔서, 우리가 감사하든 말든, 그런 것은 하나님에게는 아무런 차이가 없기 때문에 신경도 쓰지 않으신다고 생각하기가 쉽습니다. 그러므로 우리는 하나님의 마음을 제대로 알 필요가 있습니다. 하나님은 그 누구보다도 가장 부드럽고 가장 예민한 마음을 지니고 계시기 때문에, 그것이 선한 일이든 악한 일이든, 우리 눈에는 아무리 사소하고 시시한 일로 보일지라도, 하나님의 마음에 영향을 미치지 않는 일은 단 하나도 없습니다. 예수님은 어떤 사람이 그를 사랑하여 감사하는 마음에서 내미는 냉수 한 사발까지 잊지 않으실 것이라고 말씀하십니다.

우리는 예수님이 고쳐 주신 열 명의 나병환자들에 관한 기사(눅 17:11-19)에서 그가 감사하는 것을 얼마나 소중히 여기시고 높이 평가하시는지를 아주 분명하게 볼 수 있습니다. 예수님은 율법에서 정한 대로 제사장들에게 가서 그들의 몸이 나병에서 깨끗하게 되었다는 것을 보여 주고 증명서를 받으라고 열 명의 나병환자들을 보내셨습니다. 그런데 그들이 제사장들에게 가는 도중에, 열 명의 나병환자가 한 사람도 빠짐없이 다 갑자기 깨끗해졌습니다. 그 중 아홉 사람은 계속해서 제사장들에게 가서 자신들의 몸을 보이고 증명서를 받았습니다. 그렇게 함으로써 그들은 "가서 제사장들에게 너희 몸을 보이라"고 하셨던 예수님의 말씀을 그대로 따랐습니다.

하지만 그들 중 한 사람은 기뻐서 하나님께 큰 소리로 영광을 돌린 후에 예수님에게로 다시 돌아와서 발 앞에 엎드려서 감사를 드렸습니다.

한 명의 나병환자의 감사가 예수님께 깊은 인상을 준 것을 주목하십시오. 그리고 예수님이 나머지 아홉 명의 나병환자의 행태를 이해할 수 없다는 듯이 말씀하시는 것을 들어 보십시오: "열 사람이 다 깨끗함을 받지 아니하였느냐 그 아홉은 어디 있느냐 이 이방인 외에는 하나님께 영광을 돌리러 돌아온 자가 없느냐."

또한, 여기에서 우리는 예수님의 말씀으로부터 감사하는 것은 하나님께 영광을 돌리는 것을 의미함을 알게 됩니다. 이것은 감사하는 것이 왜 그토록 복된 일인지를 설명해 줍니다. 기도에서 하나님께 감사하고자 하는 우리의 시도가 약할지라도, 그럼에도 불구하고 우리가 진심으로 하나님께 감사하는 데 성공한 경우에는 우리 마음이 좋은 느낌을 받는 것을 발견합니다. 그 이유는 우리가 지금은 물론이고 영원토록 하나님께 영광을 돌리며 살아가도록 지음받은 존재이기 때문입니다. 그렇게 감사할 때마다, 우리는 우리가 하나님의 계획과 목적에 부합하게 살아가고 있다고 느낍니다. 그 때에 우리는 진정으로 인간으로서의 본분을 다하고 있는 것입니다. 이것이 감사하는 것이 그토록 복된 이유입니다.

감사하는 것은 복될 뿐만 아니라, 우리의 기도생활 전반에도 대단히 중요합니다. 우리가 우리의 기도에 주님이 응답해 주신 것을 깨닫고서, 우리가 받은 것에 대하여 주님께 감사했다면, 그 후에는 구하는 것이 더 수월해지고 더 큰 담력을 얻게 됩니다. 우리의 기도를 감사함으로 시작하는 것은 의심할 여지 없이 합당합니다.

성경에 의하면 우리는 "우리가 구하거나 생각하는 모든 것에 더 넘치도록"(엡 3:20) 받는다는 것을 생각하면, 감사함으로 기도를 시작하는 것은 특히 더 합당합니다. 우리는 날마다 우리에게 필요한 모든 것을 다 알지도 못하고, 그 모든 것을 위해 기도할 수도 없습니다. 그러나 하나님은 그 모든 것을 우리에게 주십니다. 이것은 우리의 마음속에 하나님께 아무리 많이 감사해도 다 감사할 수 없다는 것을 깨닫게 해 줍니다!

친구여, 당신이 나만큼이나 하나님께 감사하지 않는 사람이라면, 나는 당신에게 다음과 같은 조언을 드리고자 하는데, 그것은 당신이 하나님으로부터 받은 현세적인 선물들, 즉 육신의 건강, 건강한 정신, 매일 일할 수 있는 힘, 일하고자 하는 마음, 집과 가정, 먹을 것과 입을 것, 당신이 사랑하는 사람들과 당신을 사랑하는 사람들을 생각하면서 그런 것들에 대해 하나님께 감사하는 것으로 당신의 기도를 시작하라는 것입니다. 그런 눈에 보이는 현세적인 것들에서 시작하면, 당신은 머지않아 주님이 당신에게 부어 주신 영적인 은사들도 알게 되고 보게 되어서 그런 것들에 대해서도 하나님께 감사하게 될 것입니다.

어떤 사람이 어려운 처지에 있는 당신이나 당신의 사랑하는 사람들을 성심껏 보살피고 돌보아 주었다면, 당신은 그 사람을 만나서 그의 손을 꼭 잡고서 당신의 마음 깊은 곳에서부터 진심으로 "당신이 우리를 위해 해 준 일들에 대해 너무나 감사합니다"라고 말하고 싶을 것입니다.

친구여, 예수님에게도 그렇게 똑같이 하십시오.

예수님은 목석으로 된 분이 아닙니다. 예수님은 자신이 당신을 위해 베풀어 주신 것들을 당신이 감사하는 것을 보실 때마다 감동하시고 행복해하십니다. 못 자국 난 그의 손을 꼭 잡고서, "구주여, 나를 위해 죽으셨으니 내가 주께 진심으로 감사드립니다"라고 말하십시오. 마찬가지로 주님이 날마다 당신에게 부어 주신 다른 온갖 복들에 대해 주님께 감사하십시오.

당신이 일할 때나 쉴 때나 하루 종일 자주 그렇게 감사하십시오. 당신의 그런 행동은 예수님께 기쁨을 안겨 드릴 것이고, 당신 자신도 기뻐하게 될 것입니다.

3. 찬양 기도

옛 언약 아래에서도 사람들은 하나님을 찬양하는 법을 알았습니다. 옛 경륜 가운데서 하나님의 성도들은 하나님을 찬양하는 일에서 아주 큰 진전을 이루어 냈습니다. 이것은 특히 시편들에서 분명하게 드러납니다. 찬송 시편들 중에서 하나님을 찬양하는 노래로 이루어져 있지 않은 부분은 한 군데도 없고, 나머지 시편들 중 상당수에서도 우리는 각 시편의 처음이나 마지막에 송영이 사용되고 있는 것을 발견합니다.

"너희 의인들아 여호와를 즐거워하라 찬송은 정직한 자들이 마땅히 할 바로다"(시 33:1).

"내 영혼아 여호와를 송축하라 내 속에 있는 것들아 다 그의 거룩한 이름을 송축하라"(시 103:1).

"나의 생전에 여호와를 찬양하며 나의 평생에 내 하나님을 찬송하리로다"(시 146:2).

"내 영혼이 여호와를 자랑하리니"(시 34:2).

"나와 함께 여호와를 광대하시다 하며 함께 그의 이름을 높이세"(시 34:3).

"그의 능하신 행동을 찬양하며 그의 지극히 위대하심을 따라 찬양할지어다"(시 150:2).

찬양과 감사는 서로 아주 밀접하게 연결되어 있어서, 외적으로는 이 둘을 분명하게 구분하는 것은 불가능합니다. 왜냐하면, 찬양이나 감사는 둘 다 하나님께 영광을 돌리는 것이기 때문입니다.

하지만 옛적부터 사람들은 감사하는 것은 하나님이 우리를 위해 행하신 것들을 인하여 하나님께 영광을 돌리는 것인 반면에, 경배하거나 찬양하는 것은 하나님 자신이 어떤 분이신지를 고백하며 하나님께 영광을 돌리는 것이라고 말함으로써 이 둘을 구별하려고 해 왔습니다.

따라서 찬양은 감사보다 더 높은 차원에 속합니다. 내가 하나님께 감사할 때, 나의 생각은 여전히 어느 정도는 내 자신을 끼고 전개됩니다. 그러나 찬양에서 나의 심령은 자기 자신을 잊고 뛰어넘어서, 오직 하나님의 위엄과 능력, 그의 은혜와 대속을 바라보고 찬양하며 경배합니다.

하지만 하나님이 우리에게 긍휼과 자비를 베푸시는 행위들을 통해서 자신을 나타내실 때에만, 인간은 하나님의 위엄과 은혜를 경험하기 때문에, 우리는 찬양과 감사가 어느 정도 서로 중복되고 서로를 보완하는 관계라는 것을 쉽게 이해할 수 있습니다. 그래서 감사는 찬양 속에서 자연스럽게 표출되고, 우리를 향한 하나님의 긍휼과 자비의 행위들을 언급하며 감사할 때에 자연스럽게 찬양이 표출됩니다.

우리는 두 경우에 예수님의 입술에서 나온 찬양의 말씀을 듣습니다. 한 경우에서는 예수님 자신의 복되신 심령이 아버지 하나님을 경배합니다:

"천지의 주재이신 아버지여 이것을 지혜롭고 슬기 있는 자들에게는 숨기시고 어린 아이들에게는 나타내심을 감사하나이다 옳소이다 이렇게 된 것이 아버지의 뜻이니이다"(마 11:25-26).

또 다른 경우에서는 예수님은 우리에게 다음과 같은 말로 우리의 기도를 끝마칠 것을 가르치셨습니다: "나라와 권세와 영광이 아버지께 영원히 있사옵나이다 아멘"(마 6:13).

새 언약 아래에서 찬양은 하나님의 지극히 크신 은혜의 계시, 즉 우리의 죄를 위하여 자기 아들을 주어 고난받고 죽게 하신 것을 중심으로 이루어집니다: "말할 수 없는 그의 은사로 말미암아 하나님께 감사하노라"(고후 9:15).

요한계시록에서 우리는 찬양이 하늘들 전체에 영원토록 울려퍼지게 될 것임을 알게 됩니다. 그리고 그 영원한 찬양의 주제는 다음과 같이 짧게 설명됩니다: "내가 또 들으니 하늘 위에와 땅 위에와 땅 아래와 바다 위에와 또 그 가운데 모든 피조물이 이르되 보좌에 앉으신 이와 어린 양에게 찬송과 존귀와 영광과 권능을 세세토록 돌릴지어다 하니"(계 5:13).

천국에서는 온전한 찬양이 드려지게 될 것입니다. 거기에서는 하나님은 자신에게 속한 온전한 영광을 받으시게 될 것입니다. 거기에서는 찬양은 모든 것에 울려 퍼질 것이고, 모든 존재들이 화답하게 될 것입니다. 거기에서는 우리 모두가 다 수금이 되어 각자 연주되는 천차만별의 음들이 온전한 화음을 이루어 아름다운 곡조가 되어 하나님께 드려지게 될 것입니다.

우리가 여기 이 땅에서 드리는 찬양들은 이 땅에 있는 다른 모든 것과 마찬가지로 불완전합니다. 그럼에도 불구하고, 여기 이 땅에서 하나님을 찬양하는 법을 배우지 않은 자들은 그 누구도 천국의 성가대의 일원이 될 수 없습니다. "새 노래 곧 우리 하나님께 올릴 찬송을 내 입에 두셨으니"(시 40:3).
그리고 하나님은 우리가 더 순결한 입술로 이 노래를 더 자주 부르는 법을
익혀서 하나님의 말로 표현할 수 없는 은사를 더 많이 경험하게 되기를 원
하십니다.

사도는 우리에게 개인적으로 및 합심해서 하나님을 찬양하라고 권면합
니다. "시와 찬송과 신령한 노래들로 서로 화답하며 너희의 마음으로 주께
노래하며 찬송하며"(엡 5:19; 골 3:16).

오늘날 내가 보는 바로는, 사람들은 개인적으로나 합심해서나 하나님을
거의 찬송하지 않습니다. 우리의 옛 찬송들을 보면, 우리의 기독교 선조들
이 우리보다 더 찬양을 자주 불렀던 것으로 보입니다.

우리의 선조들이 불렀던 저 능력의 찬송들을 우리가 예배를 위해 모일
때마다 더 자주 부릅시다. 그 찬송들은 헐벗음과 불만이 가득한 골짜기들
로부터 우리의 마음을 들어올려서 영원한 봉우리들로 데려다 주고, 우리는
그 곳에서 형통함이든 역경이든 우리 삶의 경험들을 더 참되게 내려다볼 수
있는 시야를 확보할 수 있습니다. 다른 사람들의 말로 한동안 찬양을 드리
다 보면, 우리는 이내 우리 자신의 말로 하나님을 찬양하는 법을 알게 되고,
"우리 마음속에서 주님에게 드릴 곡조를 만들어 내는" 법을 배우게 될 것
입니다.

4. 대화 기도

앞에서 말한 대로, 기도가 우리 심령과 하나님이 자연스럽게 소통하는
형태라면, 대화도 기도에 포함될 것은 자명합니다.

대화는 인격들 간에 생각의 자유롭고 자연스러운 교환이고, 대화에서 오

가는 주제의 범위가 넓을수록, 그 교제는 더 풍성해집니다.

기도하는 것은 예수님을 우리의 삶 속으로 모셔 오는 것입니다.

예수님은 당신이 은밀한 골방에서 무릎을 꿇거나 손을 모으고 간절하게 기도하는 엄숙한 시간들이나, 기도 모임에서 다른 그리스도인들과 함께 합심하여 기도할 때만 당신의 마음속으로 들어가시기 위하여 문을 두드리시는 것이 아닙니다. 예수님은 당신의 일상, 당신이 매일 씨름하고 싸우는 것들, 당신이 매일 하는 "지루하고 힘든 일들," 곧 당신의 삶의 구석구석으로 들어가고 싶으셔서 당신의 문을 두드리십니다.

사실 그런 때들은 당신이 예수님을 몹시 필요로 하는 때들입니다.

그리고 예수님은 늘 당신의 삶 속으로 들어오셔서 당신과 함께 먹고자 하십니다. 다른 어느 때보다도 당신이 매일 어떤 것들과 씨름하고 싸울 때, 예수님이 거기에 계셔서 당신에게 새 힘을 주시는 것이 당신에게 절실하게 필요하다는 것을 아십니다.

그러므로 예수님이 당신의 매일의 일이나 휴식 가운데서 문을 두드리시는 소리에 귀를 기울이십시오. 성령께서 당신에게 당신을 밤낮으로 따라다니시며 문을 열어 달라고 조용하면서도 간곡하게 청하시는 주님을 보라고 속삭이는 소리에 귀를 기울이십시오.

기도에는 구하는 것 말고도 그 이상의 것이 있습니다.

우리에게 기도의 특권을 허락하신 분은 우리가 기도할 때 그에게 구하는 것 이외의 다른 어떤 것도 하지 않더라도 결코 우리에게 넌더리를 내거나 지겨워하지 않으십니다. 그렇지만 그는 우리에게 기도에서 그와 대화하는 것도 가르치기를 원하십니다.

우리 집에 자녀들이 생긴 후에, 나는 이것을 이전보다 더 잘 이해하게 되었습니다. 그들은 자기들의 힘으로 안 되는 것이 있으면 나를 찾아옵니다. 그들에게는 아빠는 무엇이든지 해 낼 수 있다는 능력을 가지고 있다는 기이한 믿음이 있습니다. 자신들이 가지고 있지 않은 것들을 친구들이 가지고 있는 것을 보면, 그들은 내게로 쪼르르 달려와서 자기들도 그것들을 갖고 싶다고 말합니다.

나의 자녀들이 하지 못하는 것들을 나라고 해서 다 해낼 수는 있는 것도 아니고, 그들이 구하는 모든 것을 다 줄 수 있는 것이 아닌데도, 기이하게도 그들은 그런 일들이 생길 때마다 아빠인 나를 찾습니다. 그러나 나의 마음을 한층 더 기쁘게 하는 일이 있습니다. 그것은 그들이 앞 다투어 헐레벌떡 달려와서는 자신들이 겪은 일을 얘기할 때입니다. 그들은 어떤 때에는 그런 일을 내게 조금이라도 더 빨리 말하고 싶은 마음이 앞서서 모두가 일시에 내게 조잘거립니다.

하나님도 마찬가지여서, 자신의 어린 자녀들인 우리가 매일 겪는 일들을 아버지 하나님께 말하고 싶어하는 것을 보실 때에 기뻐하십니다.

하나님은 삶의 작은 일들을 당신과 공유하고 싶어 하십니다. 왜냐하면, 그것이 두 인격이 서로 사랑하는 방식이기 때문입니다. 사랑하는 사람들끼리는 큰 일만이 아니라 작은 일도, 기쁨만이 아니라 슬픔도 함께 나눕니다. 그것은 사랑을 더욱 풍성하게 만들어 주고 더욱 기쁜 것이 되게 해 줍니다.

그러므로 당신의 일상적인 경험들을 하나님께 아뢰십시오. 그 경험들은 크거나 중요한 것일 필요가 없습니다. 당신이 일상적인 삶 속에서 겪은 작은 일들을 하나님께 말씀드리십시오. 당신이 행복할 때 하나님께 고하십시오. 하나님으로 하여금 당신의 기쁨을 함께 나누실 수 있게 해 드리십시오. 하나님은 그렇게 당신과 기쁨을 함께 나누게 되기를 기다리고 계십니다.

당신이 슬플 때나 괴로울 때나 어떻게 해야 할지를 모를 때나 염려와 걱정이 있을 때에도 하나님께 고하십시오. 하나님은 그런 것들을 당신에게서 듣게 되기를 기다리고 계십니다. 당신을 사랑하시기 때문입니다. 당신과 관련된 일들 중에서 하찮거나 중요하지 않은 일은 하나도 없고, 당신과 관련된 모든 일들에 하나님은 관심을 갖고 계십니다. 당신을 사랑하시기 때문입니다.

우리가 기꺼이 우리 자신을 부인하고 다른 사람들을 섬기며, 남들로부터의 부당함을 견디고, 다른 사람들이 뭐라고 말해도 감내하고자 하는 그런 영을 우리 안에 간직하는 데 꼭 필요한 영적인 능력을 우리의 삶 속에서 하나님으로부터 끊임없이 공급받지 않는 한, 우리가 날마다 그리스도인으로 행하며 살아가는 것은 불가능합니다. 하나님은 우리가 이것과 다른 어떤 방식으로 그리스도인으로서의 우리의 삶을 살아가게 하고자 하지 않으셨습니다.

그 뿐만이 아니라, 하나님은 우리의 매일의 모든 싸움들 속에서 우리와 함께하시기를 원하십니다. 우리를 도우셔서 우리가 감당해야 할 순전히 현세적인 일들조차도 더 수월하게 해 주시기를 원하십니다. 하나님은 자기 자신을 우리에게 남김없이 다 주시고, 모든 것을 우리와 공유하고자 하십니다.

이것은 그리스도인으로서의 우리의 삶 전체에서 최고의 부분입니다.

우리 주님과의 고요하고 중단 없는 소통만큼 복된 것은 없습니다. 그럴 때에 우리의 심령을 가득 채우게 되는 주님의 임재에 대한 의식은 우리가 알고 있는 다른 그 어떤 평안이나 기쁨이나 내적인 만족이나 안도감을 능가하는 복입니다. 우리가 주님과 모든 것을 함께할 때, 역경이나 슬픔조차도 그것들이 지니고 있던 독침을 상실합니다. 리나 산델(Lina Sandell)은 이것을 다음과 같은 시로 심오하고 아름답게 표현했습니다:

"예수님과 함께 하는 이 짧은 시간;
내 영혼은 위로를 얻고
내 삶의 모든 실들이 하나로 모아져서
완전한 전체를 이룬다네."

주님이 우리 편일 때, 모든 것이 달라집니다. 우리가 하는 일들은 더 수월해지고, 우리에게 닥친 어려움들로 인해 우리는 이제 더 이상 겁을 집어먹지 않습니다. 사람들이 우리를 반대하고 배척하며, 우리의 동료들로부터 좋지 않은 일들을 겪어도, 우리 안에 있는 이 평안은 깨뜨려지지 않습니다. 우리가 누리고 있는 고요하고 평안한 기쁨 가운데서 그들에 대한 분노도 일어나지 않습니다. 도리어 우리의 심령은 그들을 감싸 안으며 그들을 향하여 이렇게 말하는 것처럼 느껴집니다: "당신들은 스스로 초라해지고 천해지는 쪽을 택해서 그렇게 하고 있습니다. 하지만 그것은 나와는 아무 상관 없는 일입니다. 나는 주님 안에서 행복할 뿐입니다."

날마다 새로워지는 심오한 비밀을 알게 된 사람들, 즉 하나님께 구하여 영원의 세계로부터 오는 새롭고 신선한 능력을 끊임없이 공급받는 법을 알게 된 사람들만이 평안함 가운데서 그리스도인으로서 승리하는 복된 삶을 살아갈 수 있습니다.

우리 중 대부분이 그리스도인의 삶 같지 않은 빈약한 삶을 살아가는 것은 의심할 여지 없이 우리의 기도생활의 이 부분이 제대로 정립되어 있지 않기 때문입니다.

기도는 영혼의 호흡입니다.

우리의 호흡은 우리의 몸에 끊임없이 새로운 힘을 공급해 주는 원천입니다. 먹는 것은 하루에 세 번 또는 네 번이면 충분하지만, 호흡은 하루 종일 계속되어야 하고, 온 밤에도 지속되어야 합니다.

아침에 한 번 크게 호흡한 후에 정오가 될 때까지 호흡을 멈추는 것이 불가능한 것과 마찬가지로, 아침에 한 번 기도한 것으로 정오 때까지 기도하지 않고 버티는 것도 불가능합니다. 그래서 사도도 "쉬지 말고 기도하라"(살전 5:17)고 말합니다. 형편이 허락하는 한, 하루 온 종일 소리 내서든 묵상으로든 끊임없이 하나님께 기도를 올려 드리십시오.

5. 무언의 기도

앞에서 이미 보았듯이, 기도는 사실 하나님을 향한 우리 마음의 태도입니다. 그렇기 때문에 기도는 서로 사랑하는 두 사람의 경우처럼 말을 통해서 표현하기도 하고 무언으로 표현하기도 합니다. 우리는 생각을 지닌 인격체이기 때문에 우리의 심정을 서로 말로 표현해야 합니다. 사람들 간의 교제를 그토록 높은 차원으로 끌어 올리고 아주 풍성하게 만들어 주는 것은 바로 이 언어능력입니다.

그러나 아울러 우리는 삶이라는 것은 궁극적으로 말로 다 표현할 수 없는 것임을 상기해야 합니다. 우리의 삶에는, 따라서 우리의 교제들에도, 두 사람이 함께 공유하는 공통의 경험임에도 불구하고 말로 표현할 수 있는 일들이 있는가 하면 말로 표현하는 것이 불가능한 일들도 있을 수밖에 없습니다.

마찬가지로, 기도에서 우리 심령이 하나님과 교제할 때에도, 말로 표현할 수 있고 말로 표현해야 하는 것들이 있는가 하면 말로는 표현할 수 없는 것들도 있는데, 전자에 대해서는 우리가 이미 앞에서 다룬 바 있습니다. 사도가 로마서 8:26에서 "우리는 마땅히 기도할 바를 알지 못하나 오직 성령이 말할 수 없는 탄식으로 우리를 위하여 친히 간구하시느니라"고 말할 때, 그것은 후자를 가리키는 것으로 보입니다.

어느 날 내 작은 아이가 내 서재로 와서 빼꼼히 문을 열고 그 작은 얼굴을 들이밀었습니다. 나와 함께 있고 싶기는 한데, 내가 일하는 동안에는 나를 방해해서는 안 된다는 것을 알고 있었기 때문에, 곧장 서재의 문을 열고 들어오기가 양심에 걸렸던 것입니다. 그래서 그는 아기 같이 순진하고 둥근 눈으로 나를 쳐다보면서 "아빠, 아빠와 함께 있게만 해 주시면 아무 말 안 하고 조용히 아빠 곁에 앉아 있기만 할게요"라고 내게 말했습니다.

자신의 자녀들이 그런 식으로 아빠의 마음에 다가오는 경우에는 그 청을 들어줄 수밖에 없다는 것을 아빠라면 누구나 알고 있습니다.

그 작은 경험은 내게 많은 생각할 거리를 주었습니다.

그것이 바로 우리가 하늘에 계신 우리 아버지에게 종종 느끼는 감정이 아니겠습니까? 우리는 하나님을 너무 사랑해서 하나님과 함께 있고 싶어 하고 하나님의 임재 안에 있고 싶어 합니다! 게다가 언제 하나님 앞에 나아가도, 그리고 얼마나 자주 나아가도, 우리로 인해 하나님은 결코 방해를 받지 않으십니다!

우리는 하나님께 기도합니다. 다른 사람들이나 우리 자신과 관련해서 우리의 마음에 있는 모든 것을 하나님께 아룁니다. 그러다가 하나님께 더 이상 아뢸 것이 없는 때가 옵니다. 적어도 내게는 그런 때가 드물지 않게 있습니다. 그런 때에 하나님께 "주님, 내게는 주께 더 아뢸 것이 없지만, 주님과 함께 있는 것이 좋사오니, 내가 주님의 임재 안에서 아무 말도 하지 않고 조용히 있어도 괜찮겠지요?"라고 말씀드린다면, 너무나 멋질 것입니다.

우리는 정말 잘 알고 친한 사람들과는 아무런 말 없이 함께 시간을 보낼 수 있습니다. 하지만 그렇지 않은 사람들과는 그런 식으로 시간을 함께 보낼 수 없습니다. 그런 사람들과는 어떤 화제를 꺼내서라도 대화를 해야 하고, 흥미롭거나 심오한 일들에 관해 말함으로써 그들을 즐겁게 해 주어야 합니다. 그러나 우리가 사랑하는 사람들과는 일상의 소소한 일들에 대해서도 자유롭게 얘기할 수 있고, 말 없이 함께 있어도 괜찮습니다.

우리가 하나님의 임재 안에 있을 때에도 반드시 대화를 계속해서 유지할 필요는 없습니다. 하나님의 임재 앞으로 나아가서 고요히 하나님을 묵상하면서 우리의 지친 심령을 쉬게 할 수 있습니다. 말로는 표현할 수 없는 우리 내면의 신음소리가 하나님께로 올라가서, 우리가 얼마나 깊이 하나님을 신뢰하고 의지하고 있는지를 말로 하는 것보다도 더 잘 하나님께 고할 수 있습니다.

저녁이 되면, 밖에서 실컷 놀고 난 우리 작은 아이는 엄마 품을 더욱더 그리워합니다. 그리고 결국 그 아이는 집으로 돌아와서 자기가 그토록 그리워했던 엄마 품에 안깁니다. 엄마에게 할 말이 많아서가 아닙니다. 아이는 그저 엄마 품에 안겨 있고 싶은 것뿐입니다. 그러면 엄마는 그 아이를 자신의 품에 품어 주고, 아이는 잠이 듭니다.

우리도 우리 자신과, 우리가 만나는 다른 사람들과, 세상과, 삶과, 모든 일들로 인해서 지칠 대로 지쳐 버립니다! 그럴 때에 우리의 지친 머리와 마음을 누일 수 있는 곳이 우리에게 있다는 것을 아는 것은 복된 일입니다. 우리는 하늘에 계신 우리 아버지의 팔에 안겨서 이렇게 말합니다: "나는 이제 더 이상 아무것도 할 수 없고, 주님께 드릴 말씀도 없습니다. 내가 잠시 이 곳에서 쉬어도 될까요? 주님의 팔에 안겨 잠시 쉴 수만 있다면, 나의 모든 것이 이내 다시 좋아질 것입니다."

우리가 평소에는 그렇지 않더라도 적어도 죽음을 앞두고 죽음과 싸움을 벌이느라 우리의 모든 힘이 소진되고 고갈된 경우에는 우리 모두에게는 무언의 기도가 필요하게 됩니다. 그런 일은 언제나 정확히 죽음의 순간에 일어나는 것은 아닙니다. 죽음과의 싸움은 통상적으로 죽음이 찾아오기 얼마 전에 벌어집니다.

나는 그리스도인인 나의 친구들이 죽음과의 싸움을 벌이는 것을 몇 번 목격했습니다. 그들의 몸과 심령에 고통이 지속적으로 관통했습니다. 그러나 그것은 그들이 겪게 되어 있던 최악의 경험이 아니었습니다. 나는 그들이 걱정 어린 눈빛으로 나를 응시하면서, "내가 더 이상 생각할 수 없고 하나님께 기도할 수 없게 될 때 나는 어떻게 되는 것일까"라고 묻는 것을 보았습니다.

자신들이 그런 최악의 상황으로 내몰리게 될 때까지 회심을 미루고 있는 사람들은 자신이 무슨 짓을 하고 있는 것인지를 깨달아야 합니다! 친구여, 죽음과 싸울 때, 당신의 몸과 마음의 힘은 고통으로 인해 모두 소진되고 맙니다. 그러한 사실을 기억하고, 지금 은혜를 받을 수 있을 때에 회개하십시오.

내가 죽음과 싸움을 벌이고 있는 친구들의 침상 머리에 서서, 그들에게 다음과 같이 말할 수 있다면, 그것은 참으로 복된 일입니다: "자네가 기도할 수 없다고 해서 걱정하지 말게. 이 순간에 자네의 존재 자체가 하나님을 향한 기도일세. 지금 자네 안에 있는 모든 것이 하나님을 향하여 부르짖고 있지 않는가. 하나님은 자네의 고통하는 심령과 육신이 말로 표현할 수 없는 신음으로 하나님께 드리고 있는 모든 탄원을 듣고 계신다네. 그러니 자네의 심령과 몸이 가끔 고통에서 벗어나 쉼을 얻을 때마다, 자네가 이미 하나님과 화목하게 된 것과 지금 저 영원하신 팔에 안겨 안식하고 있는 것에 대해 하나님께 감사하게나."

제9장

기도의 의문들

> "만일 너희에게 믿음이 겨자씨 한 알 만큼만 있어도 이 산을 명하여
> 여기서 저기로 옮겨지라 하면 옮겨질 것이요 또 너희가 못할 것이 없으리라."
> — 마태복음 17:20.

인생은 문제들로 가득합니다. 그러므로 기도생활에도 문제들이 있다는 것은 이상한 일이 아닙니다. 이제 그러한 문제들 중 몇 가지에 대해서 간단하게 얘기하겠습니다.

1. 기도 자체는 이렇게 빈약한데, 어떻게 그토록 엄청나게 큰 일들이 기도를 통해 이루어질 수 있습니까?

피상적으로 생각하는 사람들에게 이것은 아주 불필요한 질문처럼 보일 수 있습니다. 그들은 이렇게 말합니다: 성경은 우리에게 믿음이 있기만 하면 산들도 옮길 수 있다고 말씀하고 있다. 따라서 모든 것은 믿음에 달려 있다. 우리의 믿음이 강할 때, 우리의 기도도 능력이 있다. 그리고 우리의 믿음이 강하지 않을 때에는, 우리의 기도도 능력을 상실한다.

그렇습니다. 어떤 사람들에게 이 문제는 그렇게 쉬워 보일 수 있습니다. 그러나 기도의 세계에서 좀 더 폭넓은 경험을 해 온 사람들은 그렇게 말하는 것은 이 문제에 대한 최종적인 해법으로 받아들이지 못할 것입니다. 물론, 그들도 사람들이 큰 믿음으로 기도했을 때 종종 크고 놀라운 결과들이 일어난다는 것을 알고 있습니다. 기도의 영이 우리의 마음에 "이것을 구하면 네가 받으리라"고 속삭이는 때도 있고, 기도를 마치기도 전에 우리가 구하고 있는 놀라운 응답을 받게 될 것임을 온전히 확신하게 될 때도 있습니다.

그러나 언제나 기도 응답이 그런 식으로 똑 부러지고 명확하게 이루어지는 것은 아닙니다. 그런 것과는 정반대로, 지금까지 많은 사람들은 기도하기 전이나 기도 중에나 기도 후에 그 어떤 분명하거나 명확한 확신이 주어지지 않았을 때 자신들의 기도에 대한 가장 주목할 만한 응답들을 받았습니다. 그들은 자신들에게는 믿음이라는 것이 하나도 없었는데도 하나님이 그들의 기도에 가장 강력하고 주목할 만한 응답을 주셨다는 느낌을 받았습니다.

그런 일들은 신문에 실리지도 않습니다. 그러나 주님의 비천한 친구들로 이루어진 하나님의 권속은 지극한 고요함 가운데서 그런 놀라운 일들을 경험합니다. 주님을 찬양하십시오!

기도에서 이런 경험들을 한 사람들은 흔히 어찌할 바를 알지 못하고, "기도 자체는 이렇게 빈약한데, 어떻게 그토록 엄청나게 큰 일들이 기도를 통해 이루어질 수 있습니까?"라고 반문합니다.

이 문제의 해법은 기도의 본질 자체에 있습니다.

기도하는 것은 예수님을 우리의 마음속으로 들어오시게 해서 그의 모든 능력으로 우리의 곤경에 다가오실 수 있게 하는 것 이상의 것을 포함하고 있지 않습니다. 이것으로부터 분명한 것은 기도 응답은 기도하는 사람의 확신이나 담대함 같은 것들에 달려 있지 않고 이 한 가지, 즉 **그가 자신의 마음을 예수님에게 열었는지의 여부에 달려 있다**는 것입니다.

그리고 그것은 앞에서 이미 보았듯이 단지 내가 예수님으로 하여금 나의 곤경에 다가오실 수 있게 하고자 하느냐 하는 "의지"의 "힘"의 문제가 아닙니다.

그것은 이번에도 또다시 내가 얼마나 무력한지를 진정으로 시인하느냐에 달려 있습니다. 기도는 신비한 도구여서, 궁극적으로 자신이 무력하다는 것을 진정으로 인정하는 자들이 사용할 때에만 제대로 온전한 힘을 발휘하고 완벽하게 성공할 수 있습니다.

일상생활에서 예를 들자면, 기도는 전기 시스템에 비유할 수 있습니다. 우리의 가정에서는 전류를 이용할 수 있지만, 그렇게 하기 위해서는 전류가 흐르는 상태가 되어 있어야 하고, 그런 목적으로 스위치라는 것이 있습니다. 우리가 해야 할 일은 스위치를 살짝 밀어서 켜는 것이고, 그렇게만 하면 그 순간 온 집안에 깔려 있는 전선을 통해서 전류가 흐르게 됩니다. 그리고 물론 우리는 스위치를 켜는 데는 많은 힘이 필요하지 않다는 것을 압니다.

인간이 범죄하여 타락했을 때, 그의 심령이 하나님으로부터 단절되었을 뿐만 아니라, 전기 시스템 전체가 파괴되었습니다. 그 시스템을 회복시키기 위해서 예수님이 고난을 당하고 죽으셔야 했습니다. 그래서 지금은 그 시스템이 다시 정상적으로 작동하고 있습니다. 우리 모두는 천국의 능력과 다시 접촉해서 사용할 수 있습니다. 그리고 기도는 그러한 접촉이 이루어지게 해서, 예수님의 구원의 능력이 우리의 심령과 육신에 도달할 수 있게 해 주고, 우리의 열심과 끈기가 허락하는 한도 내에서 우리를 통해 다른 사람들에게 도달할 수 있게 해 주는 신비로운 작은 도구입니다.

2. 왜 우리는 기도해야 하는가?

많은 사람들이 이 문제도 해결하기 쉽다고 생각합니다. 그들은 우리가 기도하는 이유는 하나님으로 하여금 무엇인가를 우리에게 주시게 하기 위한 것이라고 말합니다.

그런 사람들에게 이 문제는 아주 간단해 보입니다.

하지만 잠깐만 생각해 보면, 우리는 그러한 기도관은 기독교적인 것이 아니라 이교적인 것임을 깨닫게 됩니다. 우리 모두에게는 이교적인 것들이 우리 안에 많이 남아 있어서, 우리는 기도는 하나님의 마음을 움직여서 우리를 예쁘게 보시고 우리에게 자비를 베푸셔서 우리의 기도를 들어주시게 만드는 수단이라고 여기기 쉽습니다. 그러나 하나님의 모든 계시는 그것은 하나님과 기도를 둘 다 철저하게 오해한 것이라고 우리에게 말해 줍니다.

하나님은 영원부터 영원까지 그 자체로 언제나 변함없이 선하신 분입니다. 인간에게 기도할 수 있는 특권이 주어지기 전부터 하나님은 선하셨습니다. 또한, 성경도 하나님은 우리의 기도를 들어주시든 안 들어주시든 언제나 똑같이 인자하시고 선하시다는 것을 우리에게 가르쳐 줍니다. 하나님이 우리의 기도를 들어주시는 것도 우리를 사랑하시기 때문이고, 들어주지 않으시는 것도 우리를 사랑하시기 때문입니다.

어떤 사람들은 이렇게 말합니다: "아닙니다. 기도의 목적은 우리에게 무엇이 필요한지를 하나님께 아뢰는 것입니다."

그러나 그러한 해법들은 어느 쪽도 기독교의 기도와 관련된 이 문제에 적합하지 않습니다. 하나님의 계시를 통해서 우리 그리스도인들은 우리의 필요들을 하나님께 설명하는 것 자체가 사실은 하나님에게는 불필요한 일이라는 것을 압니다. 왜냐하면, 하나님은 우리 각자에게 무엇이 필요한지를 이미 온전히 다 알고 계시기 때문입니다. 그런데도 우리는 우리에게 해악이 될 것들을 달라고 하나님께 끊임없이 기도해서 기어코 받아내려고 하는 잘못을 저지릅니다. 나중에 가서야, 우리는 우리의 잘못을 보고서, 하나님은 선하시고 지혜로우셔서, 우리가 그토록 간절하게 간구하였어도 우리에게 그것들을 주시지 않은 것임을 깨닫습니다.

그러나 이것은 또다시 우리로 하여금 왜 우리가 기도해야 하는지를 모르게 만들어서 우리를 혼란스럽게 만듭니다.

하나님이 스스로 우리에게 무엇을 주어야 가장 좋을지를 아시는 분이셔서 우리에게 가장 좋은 것들을 알아서 주시기 때문에, 우리가 무엇을 달라고 하나님께 아뢸 필요가 없다면, 왜 우리는 기도해야 하는 것입니까?

이것은 하나님과 기도에 대한 우리의 시각과 관점에서 영향을 미치기 때문에, 단지 이론적인 것이 아니라 실제적으로 아주 중요한 질문입니다. 이 질문은 사실상 다음과 같은 것으로 귀결됩니다: 하나님은 그 자체로 선하시고, 우리에게 가장 좋은 것들을 주고자 하시는 것이 하나님의 뜻이며, 우리가 필요한 것들을 우리에게서 굳이 들으실 필요가 없는데도, 왜 하나님은 우리의 기도가 없거나 기도하기 전에는 그런 것들을 주지 않으시는 것인가?

이 질문에 대답하기 위해서는 예수님이 마태복음 5:45에서 하신 말씀을 출발점으로 삼아야 합니다: "하나님이 그 해를 악인과 선인에게 비추시며 비를 의로운 자와 불의한 자에게 내려주심이라." 이 말씀 속에서 예수님은 하나님의 완전한 사랑의 한 측면, 즉 하나님은 자기가 주실 수 있는 것이라면 무엇이든지 악인이나 선인을 가리지 않으시고 모든 사람에게 주신다는 것을 분명하게 보여 주십니다.

예수님은 "악인과 선인에게"라고 말씀하십니다. 악인들은 하나님께 구하지 않지만, 그럼에도 불구하고 하나님은 그들에게도 주십니다. 선인들은 물론 하나님께 구합니다. 그러나 그들이 기도로 구해서 받는 것들을 제외한다면, 나머지 다른 것들에서는 악인들보다 더 많이 받지 않습니다. 그러므로 종합해 보면, 선인이나 악인이나 구하지 않아도 하나님으로부터 많은 것들을 받는다는 것입니다.

그렇다면 그들이 구하지 않고도 그런 것들을 받는 이유는 무엇입니까?

대답은 아주 간단합니다. 하나님은 사랑이시기 때문입니다. 사랑의 본질은 주는 것입니다. 자기에게 있는 모든 것을 주고, 사랑하는 자에게 해악이 되지 않는 모든 것을 주며, 사랑하는 자가 받을 수 있는 모든 것을 주는 것입니다.

하나님이 어떤 것들은 기도하지 않아도 주시고 어떤 것들은 기도해야만 주시는 이유는 이 두 경우에 하나님이 주시는 것들의 종류가 서로 많이 다르다는 사실에서 찾을 수 있습니다.

모든 사람은 하나님의 이런저런 선물들을 받습니다. 예를 들자면, 현세적인 것들이 바로 그런 것들입니다. 그런 것들은 굳이 기도가 없어도 받을 수 있습니다.

반면에 사람들은 하나님의 다른 종류의 선물들에 대해서는 자신들의 마음을 닫아 버리는데, 우리의 구원에 속한 모든 선물들이 그런 것들에 속합니다. 그런 선물들은 하나님이 우리를 설득하셔서 우리의 마음을 열게 하시고 우리로 그것들을 자원해서 받아들일 수 있게 하시기 전에는 우리에게 주실 수 없습니다. 그리고 앞에서 이미 보았듯이, 기도는 우리가 하나님께 마음을 열고 우리 안으로 들어오시게 하는 수단입니다.

여기에서 우리는 왜 기도가 필수적인지를 알게 됩니다.

기도는 하나님을 움직여서 우리를 선하고 너그럽게 대하시게 만들기 위한 것이 아닙니다. 하나님은 영원 전부터 원래 그런 분이십니다.

또한, 기도는 우리의 필요들을 하나님께 알리기 위한 것도 아닙니다. 하나님은 무엇이 우리에게 더 좋은지를 우리 자신보다 더 잘 아십니다. 또한, 기도는 하나님의 선물들이 하늘로부터 우리에게 내려오게 하기 위한 것도 아닙니다. 선물들을 주시는 분은 하나님이시고, 하나님은 우리에게 선물들을 주고 싶어 하신다는 것을 알려 주시기 위해 먼저 우리의 마음 문을 두드리십니다.

기도의 역할은 하나님이 그렇게 문을 두드리실 때 "예"라고 대답하고 우리의 심령을 열어서 하나님으로 하여금 우리에게 응답하실 기회를 드리는 것입니다.

이것은 기도를 통해서 우리가 씨름하고 싸우는 것과 사역하는 것과 금식하는 것에 빛을 던져 줍니다. 이 모든 것들의 목적은 오직 한 가지인데, 그것은 우리로 하여금 마음을 열어서, 예수님이 주고자 하시는 모든 것을 받아들이고, 예수님이 문을 두드리는 소리, 즉 기도의 영이 우리가 기도하기만 하면 하나님이 우리에게 주시려고 기다리고 계시는 것이 무엇인지를 말해 주는 소리를 들을 수 없도록, 우리의 마음을 산만하게 하거나 방해하는 모든 것들을 제거하게 하기 위한 것입니다.

3. 하나님은 우리의 중보기도를 필요로 하시는가?

이것이 기도의 세계 전체에서 가장 큰 문제라는 것은 분명합니다.

우리는 방금 기도는 하나님과의 인격적인 교제에서 필수적이라는 것을 보았습니다. 그러나 이제 여기에서 우리는 중보기도라는 문제를 다룹니다. 그리고 우리는 이렇게 묻습니다: 하나님과 관련해서, 그리고 하나님이 이 세상에서 이루시고자 하시는 일과 관련해서 우리의 중보기도는 필수적입니까?

그리고 이 문제는 하나님과 기도와 세계에 대한 우리의 시각과 관점에 영향을 미친다는 점에서 단지 이론적인 것이 아니라 실제적으로도 중요한 문제입니다.

이 질문에 대해 우리가 가장 먼저 대답할 수 있는 것은 하나님은 인간 없이는 이 세계를 그 목표지점으로 진전시키는 것이 불가능하다는 것입니다.

인간이 취하는 태도는 세계가 그 목표지점에 도달하게 될 것인지의 여부를 결정하는 데 아주 중요한 요인입니다. 하나님은 이 세계를 다스리심에 있어서 인간과 합력하시기로 스스로 결정하셨기 때문입니다. 우리는 계시의 역사의 맨 처음부터 하나님은 자기에게 순종하고 자신의 뜻대로 행하고자 하는 사람들이 존재하는 곳에만 자신의 나라를 세우신 것을 봅니다.

따라서 하나님이 우리의 기도를 사용하시기로 스스로 결정하셨다는 것도 분명해집니다. 왜냐하면, 기도는 하나님의 쓰임을 받아 하나님께 순복하는 모든 사람의 삶에서 결정적으로 중요한 요소이기 때문입니다.

우리가 하나님의 나라에서 무엇을 행할 수 있는지는 전적으로 우리가 어떤 자인가에 달려 있고, 우리가 어떤 자인지는 우리가 무엇을 받는가에 달려 있으며, 우리가 무엇을 받는지는 기도에 달려 있습니다. 이것은 하나님이 우리 안에서 행하시는 역사만이 아니라, 하나님이 우리를 통해서 하시는 역사에도 적용됩니다.

이것과 관련해서 나는 오직 예수님이 하신 다음과 같은 말씀만을 언급하고자 합니다: "추수할 것은 많되 일꾼이 적으니 그러므로 추수하는 주인에게 청하여 추수할 일꾼들을 보내 주소서 하라 하시니라"(마 9:37-38). 여기에서 예수님은 일꾼들을 보내시는 것은 하나님이시지만, 하나님으로 하여금 일꾼들을 보내시게 만드는 것은 우리의 기도라고 말씀하십니다. 하나님은 우리의 기도를 통해서 그 일을 하십니다.

이 성경 본문 속에서 예수님은 이 세계 및 우리의 중보사역에 대한 하나님의 관계를 꽤 분명하게 조명해 주십니다.

우리는 영혼을 구원하는 영원하신 능력이 중단 없이 이 세계 속으로 유입될 때에만 인류는 새롭게 창조되어서 하나님의 나라로 들어갈 수 있다는 것을 압니다. 이 구원의 능력은 예수 그리스도 안에 담겨 있습니다. 그러나 그 능력은 예수님으로부터 사람들에게로 전달되어야 합니다. 그리고 하나님은 이 능력의 전달이 구원을 받아들여서 예수님의 구원의 능력에 마음을 여는 사람들을 통해서 일어나도록 정하셨습니다.

옛 언약 아래에서는 하나님이 이 능력을 전달하실 때 사용하실 수 있는 사람들이 소수에 불과했습니다. 하지만 오순절의 성령 강림이 있은 후로 상황은 크게 바뀌었습니다. 지금은 하나님이 구원을 받아들이는 모든 사람을 사용하십니다. 모든 신자를 통해서 날마다 구원의 영원한 능력이 이 세상 속으로 유입되고 있다는 것을 우리는 주목해야 합니다. 하나님의 성령의 초자연적인 감화가 개별 신자의 인격적인 삶에 미쳐서 영원한 능력이 이 세계 속으로 유입되고, 그 능력은 개별 신자의 주변 환경에서 여러 가지 방식으로 드러나서 조용하지만 확실하게 이 세계를 하나님의 나라로 변화시켜 나갑니다.

이 능력은 신자들의 기도와 중보기도를 통해서 가장 강력하게 전달됩니다. 믿음의 기도가 하나님이 영원의 세계에 속한 저 구원의 능력을 이 세계로 가장 신속하게 전해 주실 수 있는 수단이라는 것은 의심의 여지가 없고, 이것은 그리스도께서 다시 오셔서 천년왕국을 개시하시기 전까지는 계속해서 꼭 필요합니다.

하나님의 교회가 잠에서 깨어나서 자신의 책무를 다하게 되려면, 어떻게 해야 합니까?

교회는 기도를 통해서 세계를 다스릴 힘을 받아 왔습니다. 교회는 언제나 작은 무리입니다. 그러나 함께 무릎을 꿇고 합심해서 기도하면, 교회는 세계 정치를 지배하게 됩니다. 기도실에서 말입니다.

교회가 그렇게 했을 때, 그 결과는 전 세계적인 부흥 또는 적그리스도의 출현, 이 둘 중 하나일 것입니다.

4. 기도 및 기도 응답은 하나님의 세계 통치와 밀접하게 연결되어 있는가?

성경과 우리 자신의 경험으로부터 우리는 기도는 하나님이 개개인을 다스리시는 방식만이 아니라 사회와 나라들과 온 세계를 다스리시는 방식도 바꾼다는 것을 확신합니다.

많은 사람들이 이렇게 반문합니다: "한 개인이 단지 기도를 통해서 하나님께 어떻게 해 주시기를 구함으로써 하나님의 계획을 바꾸어 놓을 수 있는 것이라면, 하나님이 정해진 목표와 정해진 계획을 따라 세계를 다스리시는 것이 실제로 어떻게 가능하겠습니까? 그런 식으로 개개인의 기도가 하나님의 계획을 바꾸어 놓는다면, 이 세계는 극심한 혼돈 속으로 빠져들고 말 것이 아니겠습니까? 틀림없이 비를 구하는 사람이 있는가 하면, 햇빛을 기도하는 사람이 있을 것이고, 바람을 구하는 사람이 있는가 하면, 바람 없이 잔잔한 날씨를 기도할 사람이 있을 것이기 때문입니다."

그런 반문에 대한 우리의 대답은 하나님은 사람들이 기도를 그런 식으로 사용하도록 의도하지 않으셨다는 것입니다.

먼저, 하나님은 모든 사람의 기도가 아니라, 오직 자신의 자녀들이나 자녀가 되기 위해 기도하는 사람들의 기도에만 응답하시겠다고 약속하셨다는 것입니다.

다음으로, 하나님은 자신의 자녀들의 기도라고 할지라도, 모든 기도가 아니라 하나님의 뜻을 따라 예수님의 이름으로 드려지는 기도에만 응답하시겠다고 약속하셨다는 것입니다: "그의 뜻대로 무엇을 구하면 들으심이라"(요일 5:14).

이 말씀을 통해서 예수님은 사람이 하나님의 경륜에 영향을 미칠 수 있는 범위를 보여 주셨고, 그리스도의 영이 신자들의 마음속에서 역사하여 드리게 하는 기도들, 따라서 그 나라에 대한 하나님의 실현을 위해 필요한 것들을 구하는 기도들만이 영향을 미칠 수 있다는 것을 지적하셨습니다.

하나님이 사람들의 기도의 결과로 세계를 다스리시는 자신의 경륜을 바꾸신다고 할 때, 그것은 하나님이 우리의 기도에 따라 이 땅에서의 상황을 좀 더 선한 쪽으로 또는 좀 더 악한 쪽으로 흘러가게 하시고 거기에 맞춰서 자신이 사용하시는 방법들을 변경하는 방식으로 융통성 있게 세계를 다스려 나가신다는 것을 의미합니다. 하나님은 그 나라와 관련된 계획들을 바꾸지는 않으시고, 단지 각각의 순간에서 그 계획들을 이루시는 데 사용할 수단들과 방법들만 바꾸십니다. 이렇게 하나님은 사람들의 기도를 즉시 받아들이셔서 세계를 다스리시는 일에 반영하시기 때문에, 기도가 없었더라면 일어나지 않았을 일들이 사람들의 기도로 말미암아 일어나게 됩니다. 방금 보았듯이, 실제로 사람들의 기도는 하나님이 세계를 그 목표지점인 하나님의 나라로 진전시켜 나가실 때 사용하시는 가장 효과적인 수단들 중의 하나입니다.

5. 하나님은 회심하지 않은 사람들의 기도에도 응답하시는가?

이 질문도 이론적인 관심 이상의 의미를 지닙니다. 이것이 사실이라면, 회심하지 않은 자들도 자신들의 기도에 대한 분명하고 직접적인 응답들을 경험하고서, 그것을 자신들이 하나님의 자녀들임을 보여 주는 증거로 생각할 것이라는 점에서, 이 질문은 실제에 있어서도 아주 중요한 의미를 갖습니다.

어떤 사람들에게는 자신들의 기도에 대한 그러한 응답들은 도저히 풀리지 않는 수수께끼입니다. 그들은 아직 회심하지 않은 상태에서 그런 기도 응답들을 경험했기 때문에, 회심 후에는 그 문제를 놓고 고민하며 이렇게 자문합니다: "기도하는 사람이 회심했든 안 했든, 그런 것은 하나님께는 아무 차이가 없는 것인가?" 고민이 점점 깊어지면, 그들은 이렇게 자문합니다: "회심하지 않은 사람들도 자신들이 구하는 것을 받는다면, 기도라는 것은 도대체 무엇이란 말인가?"

이 질문에 대해 대답하면서 내가 가장 먼저 말하고 싶은 것은, 하나님은 중생한 자신의 자녀들의 기도 외에는 그 누구의 기도에 대해서도 응답해 주시겠다는 약속을 하지 않으셨다는 것입니다. 오직 하나님의 자녀들에게만 기도 응답에 대한 약속이 주어져 있습니다.

그러나 하나님에게는 자신이 약속하신 것 이상의 것을 하실 수 있는 권한이 있습니다. 그렇기 때문에 원하시기만 한다면 언제든지 회심하지 않은 사람들의 기도도 들어주실 수 있습니다. 실제로 하나님이 그렇게 하셨다는 것을 성경은 창세기 4:13-16에서 아주 분명하게 우리에게 말해 줍니다. 거기에서 우리는 가인이 조금도 회개하지 않은 상태에서 단지 자신이 저지른 죄의 결과들이 자기에게 미치게 될 것이 두려워서 하나님께 어떤 것들을 구하였을 때, 하나님이 그의 기도를 들어주신것을 봅니다. 왜 하나님은 종종 회심하지 않은 사람들의 간구조차도 들어주시는 것입니까?

여러 가지 이유를 생각해 볼 수 있지만, 나는 가장 분명한 것들에 대해서만 언급하고자 합니다. 하나님은 회심하지 않은 자들에게 다른 복들을 내려 주시는 것과 동일한 이유로, 즉 그들을 사랑하셔서 구원하시기를 원하시기 때문에 때때로 그들의 기도도 들어주십니다. 하나님이 그들의 기도에 응답해 주시는 것은 그들을 회개로 이끄시기 위한 은혜로우신 수단들 중의 하나입니다. 나는 개인적으로 그런 기도 응답으로 인해서 회심하고 구원을 받은 사람들을 알고 있습니다. 또한, 나는 가인 같이 그런 기도 응답을 통해서 더욱 완악해지고 회개하지 않은 사람들도 알고 있습니다. 그러나 그들이 회개하든지 완악해지든지, 하나님이 그들의 기도에 응답하셔서 그들을 구원으로 이끌고자 하시는 것은 하나님의 구원의 법칙입니다.

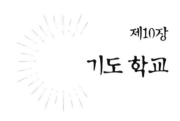

제10장

기도 학교

"주여 요한이 자기 제자들에게 기도를 가르친 것과 같이 우리에게도 가르쳐 주옵소서."

— 누가복음 11:1.

지금 당신은 "주여 내게 기도하는 것을 가르쳐 주십시오"라고 기도합니까? 그렇게 기도하는 것은 옳습니다. 정직하십시오. 당신은 시련들과 환난들을 두려워하고 있습니다. 그리고 나는 당신이나 나나 우리가 하나님을 두려워하고 있기도 하다는 것을 기꺼이 인정할 것이라고 믿습니다. 순수한 본능은 하나님이 우리를 가혹하게 모질게 대하실 것이라고 우리에게 말해 주는 것으로 보입니다. 또한, 그 동일한 본능은 우리가 우리 자신을 의지할 수 있고, 무엇이 선하고 무엇이 선하지 않은지를 우리 자신이 안다고 우리에게 말해 주는 것으로 보입니다.

그러나 이 한 가지, 곧 당신이나 나나 우리가 우리 자신을 주님의 저 못 박힌 손 아래 굴복시키고서 주님께 다음과 같이 고백하기 전에는 행복하지 못하리라는 것만은 기억하십시오:

인생의 바다 위 어두운 폭풍 가운데
죽음의 도전이 있는 곳으로 나를 보내 주시고,

압제의 시련이 있는 곳으로 나를 보내 주십시오,

사랑하는 구주여, 당신이 원하신다면.

하지만 단 한 가지, 당신의 은총을 내게 늘 보여 주시고,

변함없이 나의 지팡이가 되어 주셔야 합니다.

당신은 그렇게 고백함으로써, 어떻게 기도해야 할 줄을 모르는 사람들을 위해 성령이 세운 저 기도 학교에 자원해서 등록하게 된 것입니다.

우리 중에서 거룩하고 성숙한 기도를 드리는 자들이 희소한 것은 우리가 기도 학교에 계속해서 머물러 있지 않기 때문입니다. 거기에서의 수업은 쉽지 않고, 어려움들은 단지 앞에서 말한 현세적이고 영적인 시련들에만 있지 않습니다. 이 학교에는 우리의 인내심을 혹독하게 시험하는 것이 있습니다. 예수님은 그것을 여러 차례에 걸쳐 암시하시지만, 특히 누가복음 18:1-8에서 "항상 기도하고 낙심하지 말아야"(눅 18:1) 한다고 말씀하십니다.

우리는 아주 쉽게 낙심합니다. 어떤 사람들과 일들을 위해 기도하겠다고 마음속으로 단단히 결심하고서도 얼마 가지 않아서 점점 더 결심이 약해지고 결국 낙심해 버리는 경험을 우리는 수도 없이 해 왔습니다. 우리는 기도하는 일에 우리의 모든 힘을 다 쏟아 붓고자 하지 않았습니다. 그리고 다른 사람들을 위한 우리의 중보기도는 점점 더 줄다가 결국에는 그쳐 버렸습니다.

기도 학교에서 교육을 관장하는 이는 기도의 영(성령)입니다. 그는 여러 가지 다양한 과목들을 가르치지 않고, 의도적으로 몇 가지 핵심적인 것들을 집중적으로 가르칩니다. 성숙한 기도를 하는 데에는 여러 가지 다양한

과목들을 익힐 필요가 없습니다. 나는 오직 다음과 같은 것들만을 간단하게 말씀드리고자 합니다:

첫째, 우리는 성령께서 날마다 우리에게 그리스도를 계시할 기회를 드려야 합니다. 이것은 절대적으로 꼭 필요합니다. 우리가 그리스도를 "뵙기만" 한다면, 우리의 마음으로부터 기도가 생겨날 것입니다. 자원하는 기도, 확신에 찬 기도가 생겨납니다. 우리는 그리스도께서 우리의 기도에 응답하시는 분이심을 알고, 우리의 기도에 응답하시는 것이 그리스도께서 기뻐하시는 일이라는 것도 압니다. 기도와 중보기도는 기도하는 심령과 그리스도가 합력하는 즐겁고 매력적인 수단입니다.

성령이 기도 학교에서 우리에게 가르치시는 모든 것들은 그가 우리의 마음속에 그리스도를 계시하는 것을 방해하는 모든 것들을 우리에게서 제거하는 것을 목표로 합니다. 그것에 대해서는 우리가 앞에 나온 "기도의 싸움"에 관한 장에서 이미 설명한 바 있습니다.

둘째로, 성령께서 기도 학교에서 우리에게 가르치시는 모든 것들은 우리를 간절하게 구하도록 만드는 것을 목표로 합니다. 중보기도는 그리스도와 우리의 필요라는 두 정해진 점을 오가며 도는 타원과 같습니다. 기도와 관련해서 성령께서 하시는 일은 그 둘을 우리에게 보여 주며, 단지 이론적으로가 아니라 실제적으로 그 둘이 우리에게 날마다 가장 중요한 것이 되게 하는 것입니다. 당신의 마음속에서 날마다 그러한 역사를 행하시고 계시는 분이 성령이시라는 사실을 당신의 위로로 삼으십시오. 당신의 눈을 부릅뜨고서 당신 자신의 힘으로 그리스도와 세상의 필요들을 보려고 안간힘을 쓸 필요가 없습니다. 당신이 해야 할 모든 것은 성령께서 날마다 말씀과 기도를 통해서 그리스도와 당신의 필요에 대해 당신에게 말씀해 주시는 것을 경청하는 것뿐입니다. 그러면 당신은 이내 당신 자신이 기도와 중보기도에서 성장해 나가고 있는 것을 알아차리게 될 것입니다.

셋째로, 성령께서는 우리가 기도와 관련해서 자기부인을 하는 것이 필수적임을 가르쳐 줍니다. 기도와 중보기도는 성령께서 우리를 부르시는 다른 어떤 사역에서보다도 더 큰 자기부인이 요구됩니다. 물론, 중보기도 사역의 대부분은 은밀하게 행해지고, 그렇게 은밀하게 이루어지는 사역은 사람들이 눈으로 볼 수 있는 사역보다 더 큰 수고가 요구됩니다. 우리가 다른 사람들이 우리가 하는 것을 보게 하는 것에 얼마나 큰 의미를 두는지를 제대로 알게 되면, 우리는 그 정도였나 하는 생각이 들어 깜짝 놀라게 됩니다. 우리 모두는 다른 사람들의 칭찬에 아주 약할 뿐만 아니라, 우리가 하는 일이 다른 사람들에 의해 평가를 받고 인정을 받는다는 사실은 우리에게 그 일을 하고자 하는 상당한 자극제로 작용합니다.

또한, 우리 모두는 우리의 수고로 인한 결과물을 보기를 좋아합니다. 그러나 기도 사역에서는 어떤 결과물이 생겨났을 때 그것이 우리 자신의 중보기도의 열매인지, 아니면 다른 사람들의 중보기도의 열매인지를 명확하게 아는 것이 언제나 가능한 것은 아닙니다.

이 두 가지 사실로 인해서 기도와 관련해서 특히 더 많은 자기부인이 요구됩니다. 이것이 주님이 이 사역을 감당할 수 있는 일꾼들을 충분히 확보하시기 어려운 이유입니다. 말씀을 전하는 일꾼들을 확보하는 것은 아주 쉽습니다. 많은 사람들이 말씀을 전하고 싶어 하고, 그렇게 해 달라는 요청을 받지 못하면 화를 냅니다. 그리고 말씀을 전해 달라는 요청을 받은 사람들은 그 사역에 대단한 애착과 열심을 보이기 때문에, 일단 한 번 강단에 올라간 후에는 강단에 서는 일은 그만두기가 무척 어렵습니다. 그러나 자기부인이 요구되는 기도 사역을 스스로 기꺼이 감당하고자 하는 사람은 그리 많지 않습니다. 사람들이 보아 주지도 않고, 사람들로부터 인정받지도 못하기 때문입니다.

당신은 이웃에 사는 회심하지 않은 사람들을 위해 여러 해에 걸쳐 기도를 해 왔습니다. 마침내 이웃들 가운데서 영적 부흥이 일어나기 시작해서, 당신이 그동안 그토록 간절하게 기도해 왔던 사람들 중에서 몇몇이 처음으로 회심을 했습니다. 하지만 그들의 회심 뒤에는 여러 해에 걸친 당신의 중보기도가 있었다는 사실은 당신 외에는 아무도 알지 못합니다. 그동안 당신은 그런 사실을 당신 자신과 하나님만이 아는 비밀로 간직해 왔고, 그것은 합당하고 옳은 일이었습니다. 하지만 그 때문에 당신이 그렇게 해 온 것을 아무도 말하지 않고 알아주지도 않습니다. 반면에, 집회에서 말씀을 전한 설교자의 이름은 모든 사람의 입에 오르내립니다. 모든 사람이 큰 소리로 그를 칭송하며, "그분은 정말 위대한 복음전도자야!"라고 입에 침이 마르도록 칭찬합니다.

친구여, 당신이 아무도 알아주지 않는 은밀한 기도 사역을 해나가다가 지치고 힘들기 시작할 때면, 은밀한 가운데 보시는 주님이 장차 당신에게 공개적으로 상을 주시게 될 것임을 기억하십시오. 주님은 당신이 오랜 세월 무수히 드린 기도들을 다 들으셨고, 당신이 그런 기도를 통해 영혼들의 구원을 위해 이룬 일들을 정확히 다 아십니다. 현세에서는 아닐지라도 저 큰 날에는 당신은 당신의 수고의 열매인 곡식단들을 한 아름 가지고 가서 주님께 드릴 수 있게 될 것입니다.

기도라는 정교하고 어려운 기술에서 중보기도가 가장 해내기 어려운 일이라는 것은 의심의 여지가 없습니다. 내가 아는 한, 사람이 수행할 수 있는 하나님의 사역들 중에서 중보기도는 가장 정교하고 가장 힘든 사역입니다. 하지만 "사역으로서의 기도"에 관한 장에서 이미 보았듯이, 중보기도는 가장 중요한 사역이기도 합니다.

내가 앞에서 소개한 멘네도르프에 있는 영적인 쉼터를 방문한 적이 있는 사람들이라면, 젤러(Zeller)가 그 곳을 이끌어가고 있는 인물임과 동시에, 거기에서 행해지고 있는 저 크고 다양한 사역과 관련해서 가장 큰 책임을 맡고 있는 인물이라는 것을 의심할 사람은 아무도 없습니다. 젤러도 이 문제와 관련해서 우리와 똑같이 느끼는 것 같아 보였습니다. 어느 날 그는 이 사역 전체에서 주된 책임을 맡아 중추적인 역할을 하고 있는 사람을 우리에게 소개했는데, 그 사람은 처음 이 사역이 시작될 때부터 젤러와 함께 해왔던 나이 드신 부인이었습니다. 그녀는 그 오랜 세월 동안 겸손히 중보기도에 매진해 오신 분이었는데, 지금은 많이 연로하시고 몸이 쇠약해지셔서 침상에 누워 계셨습니다. 그러나 젤러는 눈물을 보이며, 어떻게 그녀가 문자 그대로 기도로 살아오면서, 날마다 자신의 동역자들을 그녀의 기도에 실어서 하나님 앞에 맡겨 드리는 일을 얼마나 신실하고 충성되게 감당해 왔는지를 우리에게 얘기해 주었습니다.

중보기도는 이렇게 정교하고 어려운 기술이기 때문에, 오랜 동안의 혹독한 훈련 기간이 요구되는 것은 전혀 이상한 일이 아닙니다. 주님이 자신의 친구들을 여러 가지 다양한 방식으로 이끄신다는 것은 사실입니다. 따라서 우리는 주님이 하시는 일들을 어떤 규칙들로 묶으려고 하지 않도록 조심해야 합니다. 그러나 우리 자신이 직접 본 것들을 얘기하는 것을 두려워할 필요는 없습니다. 나로서는 이렇게 말하지 않을 수 없는데, 그것은 내가 지금까지 만나 본 최고의 가장 신실하고 충성된 중보기도자들은 오직 수많은 시행착오나 큰 고난을 겪고 나서야 비로소 중보기도라는 거룩한 기술을 배울 수 있었다는 것입니다. 그들 중 몇몇이 마지막으로 할 수 있었던 것은 내가 앞에서 말한 멘네도르프의 그 나이 드신 부인처럼 자기 얼굴에 붙은 파리 한 마리를 쫓을 힘도 없이 침상에 누워 있는 것이 전부였습니다.

그러나 그들은 자신들의 중보기도를 통해 어떤 일들을 해낼 수 있었습니까! 그들은 사람들의 눈에 드러나지 않는 곳에 있었지만, 그럼에도 불구하고 영적인 능력의 중심들이었고, 그들의 단순하고도 지속적인 기도를 통해서 자신들의 이웃과 공동체와 지역사회와 나라, 그리고 심지어 땅 끝에서 이루어지고 있던 기독교 사역을 떠받쳐온 주역들이었습니다.

나는 사람들의 눈에 보이지 않는 곳에서 중보기도 사역을 감당하고 있는 그런 분을 만날 때마다 많은 양의 전기를 생산해 내는 거대한 발전소를 떠올리게 됩니다. 그런 발전소들은 흔히 사람들의 발길이 잘 닿지 않는 외딴 산골짜기에 숨겨져 있습니다. 그럼에도 불구하고 그 발전소들은 너무나 중요합니다. 우리는 그것들의 중요성을 평소에는 잘 알지 못하지만, 우리가 사는 지역에 전력 장치가 고장 나서 전기가 들어오지 않게 되면 그 때에야 그 중요성을 알게 됩니다. 그런 일이 발생하면, 우리의 가정들은 암흑천지로 변하고, 우리의 공장들은 멈춰 섭니다.

내 아버지의 농장에서 일하는 소작농들 중에 그런 신실한 중보기도자가 한 분 계셨습니다. 그의 이름은 외른(Jöm)이었습니다. 우리 주님은 그에게 태어날 때부터 심각한 제약을 가하셨습니다. 그의 시력은 선천적으로 약했고, 그래서 생계를 위해 일하는 것이 언제나 어려웠습니다. 그럼에도 불구하고 그는 그런 어려움을 꽤 잘 헤쳐 나갔습니다. 하우게(Hauge) 파의 선한 관습에 따라, 그리스도인들은 자신의 형제들을 잘 돌보아서 아무도 빈민 구

제기관에 갈 필요가 없게 하는 데 주의를 기울였지만, 시련과 환난은 외른의 운명이었고, 그는 많은 날들을 암울하게 보내야 했습니다.

그러나 그는 하나님의 능하신 손 아래에서 자신을 낮추었고, 힘들고 어려운 인생 학교에서 조금씩 기도라는 거룩한 기술을 배워갔습니다. 자기 고향 마을을 위해 밤낮으로 기도했습니다. 그리고 때가 되자, 하나님은 그를 높이셨습니다. 그는 그 지역의 모든 사람들에게 영적인 상담을 해 주는 상담역이 되었습니다. 사람들은 그에게서 조언과 도움을 얻기 위해 그 지역의 모든 곳에서 그의 작고 초라한 집을 찾아왔습니다. 그리고 외른은 다른 어떤 방법으로 사람들을 도울 수 없는 경우에도, 자신의 자애로운 마음으로부터 우러나온 거짓 없는 사랑을 그들에게 줄 수 있었습니다. 또한, 그는 그들을 위해 기도해 주었습니다. 세월이 흐르면서, 많은 영혼들이 무거운 마음으로 그의 초라한 집을 찾아 왔다가 가벼운 발걸음과 행복한 마음으로 떠날 수 있었습니다.

인생의 말년에도 그는 매우 가난했습니다. 그와 함께 있으면서 그를 보살폈던 나이 드신 두 분의 그리스도인 부인은 그가 밤에도 늦게까지 자지 않고 깨어 있었으며, 그렇게 깨어 있는 동안에 그가 그 지역의 모든 사람들을 위해 기도하는 것을 들을 수 있었다고 내게 말해 주었습니다. 그리고 그는 우리와는 달리 그 모든 사람들을 위한 기도를 우리처럼 손쉽게 해치우지 않았습니다. 우리는 많은 사람들을 위해 기도하는 경우에는 그들을 한 묶음으로 주님께 올려 드리고 그들 모두에게 복을 내려 주시라고 기도하고 끝내 버리는 것이 보통입니다.

그러나 나이 든 외른은 그런 식으로 기도하지 않았습니다. 그는 자신의 생각 속에서 그 지역에 있는 모든 집을 가가호호 방문해서 각각의 집에 속한 사람들의 이름을 하나도 빠짐없이 부르며 기도했습니다. 어떤 집에서 아이들이 태어났을 때에는 자기가 직접 본 적은 없지만 새로 태어났다는 것을 알고 있는 경우에는 그 아이들을 자신의 기도의 팔에 실어서 은혜의 보좌 앞에 올려 드려야 한다고 느꼈습니다.

외른 같은 사람들은 우리에게 이루 말할 수 없이 귀하고 소중한 분들입니다! 그들이 세상을 떠나고 없을 때, 그들이 가고 없는 빈 자리는 얼마나 허전하고 텅 비어 있는 느낌이겠습니까!

외른이 우리를 떠난 방식에도 주목할 만한 것이 있었습니다. 모든 사람이 그가 세상을 떠나는 날은 아름다운 승천의 날이 될 것이라고 생각해서, 신자들은 그와 함께 있어서 그를 지켜보는 특권을 누리기 위해 앞 다투어 경쟁하였습니다. 그러나 우리 주님은 사람들이 제멋대로 품고 있던 그런 헛된 기대를 여지없이 무너뜨리셨습니다. 외른이 죽는 모습을 지켜 본 사람은 아무도 없었습니다. 그의 옆을 지키고 있던 한 사람이 있었는데, 그 사람이 부엌에 볼 일을 보러 나간 사이에 그가 죽었기 때문이었습니다.

외른의 장례식은 나의 고향 마을에서 그 때까지 치러진 것 중에서 가장 성대한 것이었습니다. 그는 이 지역으로 이사를 왔고, 이 지역은 그에게는 타향이었기 때문에, 거기에는 그의 친척은 한 사람도 없었습니다. 그러나 이 지역 전체에서 사람들이 그를 조문하러 왔습니다. 그리고 사람들은 그의 관 앞에 서서, 마치 아버지를 잃은 것처럼 애곡했습니다. 심지어 하나님의 말씀을 듣는 데 아무 관심도 없던 불경건한 사람들조차도 그의 장례식에 와서 그를 조문하여 애곡했습니다. 외른은 죽어서도 다른 사람들에게 복이었습니다. 그의 삶과 죽음은 둘 다 "구하라 그리하면 너희에게 주실 것이요"라는 성경 말씀의 성취였습니다.

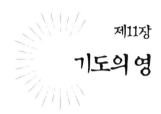

제11장

기도의 영

> *"내가 다윗의 집과 예루살렘 주민에게 은총과 간구하는 심령을 부어 주리니."*
>
> — 스가랴서 12:10.
>
> *"우리는 마땅히 기도할 바를 알지 못하나 오직 성령이 말할 수 없는 탄식으로*
> *우리를 위하여 친히 간구하시느니라."*
>
> — 로마서 8:26.

이 책 전체에 걸쳐서 나는 기도의 영(성령)에 대해 말해 왔습니다. 내가 원한 것은 이 생각이 모든 장을 관통해서 내가 기도에 대해 말해 온 여러 가지 것들을 하나의 통일된 전체로 묶는 붉은 실이 되게 하는 것이었습니다.

결론적으로, 나는 내가 지금까지 말해 온 모든 것을 "기도의 영"이라는 하나의 표제 아래 요약하고자 합니다. 내가 이러한 묵상들을 끝내기 전에 강조하고 싶은 것은 기도의 영은 우리의 기도생활의 모든 국면을 조명해 준다는 것입니다.

기도의 영이라는 전망대에 서면, 우리의 기도생활의 모든 세세한 부분까지 비쳐 주는 빛을 볼 수 있습니다. 우리의 생각을 조명해 주는 이론적인 빛만이 아니라, 우리가 기도를 어떻게 사용해야 하고 기도를 위해서 우리에게 어떤 훈련이 필요한지를 조명해 주는 실체적인 빛도 볼 수 있습니다.

나와 마찬가지로 기도의 세계를 아직은 그리 잘 알지 못한다는 것을 인정할 수밖에 없는 기도하는 친구여, 어린아이 같은 마음으로 매일 조금씩 기도의 영을 구하는 기도를 하십시오. 그러면 당신은 당신을 위해 수많은 놀라운 것들이 준비되어 있는 기도의 세계에서 놀라운 경험들을 하게 될 것입니다.

당신이 아직은 기도의 깊은 것들과 기도가 진정으로 무엇인지에 대해 거의 아는 것이 없다고 느낀다면, 기도의 영을 구하는 기도를 하십시오. 기도의 영은 어떻게 해서든지 당신에게 기도의 은혜를 알게 해 주기를 간절히 원하고 있습니다.

당신이 기도 가운데서 도저히 극복할 수 없을 것 같은 큰 어려움들을 만나서 낙심이 되거든, 기도의 영을 구하는 기도를 하십시오. 기도의 영은 당신의 연약함을 도와서, 당신이 어떤 점들에서 기도를 오해하고 있는지를 당신에게 보여 줌으로써, 당신이 아무런 걱정 없이 쉽게 기도할 수 있도록 만들어 줄 것입니다.

기도 사역이 당신에게 괴롭고 힘든 일이 되어서, 당신의 마음이 기도하는 일에 지쳐 간다고 느낀다면, 어린아이 같은 단순함으로 기도의 영을 구하는 기도를 하십시오. 성경은 주님이 기도의 영을 우리에게 부어 주실 것이라고 약속합니다. 그러므로 당신이 자신의 힘으로 당신의 영과 태도에서 기도하기에 합당한 모습이 되기 위해 애쓸 필요가 없습니다.

당신의 기도의 싸움이 힘들고 괴로운 싸움이 되어 버렸고, 당신의 심령이 하나님과 접촉되지 않고 하나님과 어긋나 있으며, 당신의 기도는 단지 공허한 말에 불과한 것이 되어 버렸다고 느낀다면, 하나님을 신뢰하는 마음으로 기도의 영을 구하십시오. 기도의 영은 당신의 기도에 대해 장애물의 역할을 하고 있는 죄를 지적해 줄 것이고, 당신이 그 죄를 인정할 수 있도록 도와줄 것입니다. 그런 후에 그는 그리스도가 당신에게 얼마나 소중하고 보배로우신 분인지를 깨닫게 해 주셔서, 당신으로 하여금 당신과 하나님을 갈라놓고자 하는 그 죄를 자원하여 버릴 수 있게 해 주실 것입니다.

당신이 기도를 오용해서 이기적이고 자기중심적인 기도를 하고 있다는 것을 알아차리고서는 더 이상 기도할 용기가 나지 않을 때에도, 기도의 영을 구하는 기도를 하십시오. 기도의 영은 기도의 참된 의미와 목적을 당신에게 보여 주실 뿐만 아니라, 당신의 철저한 무력함에서 당신을 들어올려 하나님의 심장 속으로 이끄실 것이고, 거기에서 당신은 하나님의 사랑으로 말미암아 뜨거워져서, 다시 하나님의 뜻에 따라 기도하기 시작하고, 오직 하나님의 계획 및 목적과 부합하는 것들만을 구할 수 있게 될 것입니다.

당신이 기도하기가 어렵고, 감사하기는 더더욱 어려우며, 하나님을 경배하고 찬양하는 것이 거의 불가능한 상태에 있다면, 기도의 영을 구하는 기도를 하십시오. 기도의 영이 가장 기뻐하는 일들 중의 하나가 바로 그런 것들을 당신에게 가르쳐 주는 것입니다.

당신의 기도에 문제가 많고 심각해서 어떻게 기도해야 할지를 몰라 갈피를 잡을 수 없고 당신의 입이 얼어붙어서 기도가 전혀 나오지 않는다면, 그러한 곤경 속에서도 기도의 영을 구하는 기도를 하십시오. 기도의 영은 당신이 무력하면 할수록 기도를 하기에 더 적합한 상태가 되고 기도 응답을 더 잘 경험하게 될 것임을 당신에게 보임으로써 기도의 가장 심오한 신비들을 당신으로 하여금 깨닫게 해 줄 것입니다.

기도 학교가 당신에게 지루하고 지겨워지면, 그 때에도 그것을 기도의 영에게 고하십시오. 당신에게 기도를 가르치고 계시는 분은 바로 기도의 영이시기 때문에, 그는 당신이 감당할 수 없을 정도로 기도가 지루하거나 지겨워지지 않게 해 주실 것입니다. 중간중간에 당신에게 작은 쉼을 주실 것입니다. 기도의 영은 우리의 체질을 아시고 우리가 티끌이라는 것을 기억하시기 때문입니다.

어린아이 같이 기도의 영을 구하는 기도를 하다 보면, 우리의 기도생활에는 우리가 가능할 것이라고 거의 생각하지 못했던 변화가 조금씩 생겨나게 될 것입니다.

우리가 알지 못하는 사이에, 기도는 우리의 산만하고 분주한 삶을 하나로 통합해 주는 아주 중요한 구심점이 되어 있을 것입니다. 우리가 하루 동안에 경험하는 모든 일 속에서 우리의 생각과 마음은 고요하게 그리고 자연스럽게 하나님을 향해 이끌려 모아지게 될 것입니다. 모든 일에 대해 하나님과 대화하고자 하는 열망이 생겨나게 될 것입니다. 우리의 사랑하는 사람들, 우리의 친구들, 우리의 원수들, 회심한 자들이나 회심하지 않은 자들과 관련해서 우리가 보고 듣는 모든 것들과 우리의 일상의 삶을 채우고 형성하는 온갖 경험들은 그것이 현세적인 일들이든 영적인 일들이든, 큰 일이든 작은 일이든, 어려운 일이든 쉬운 일이든, 자연스럽게 우리의 기도 제목이 되기 시작할 것입니다. 친한 친구들끼리는 자신들이 겪은 일들을 가능한 한 빨리 서로에게 얘기하고 싶어 합니다. 그것은 기도에서도 마찬가지입니다. 기도의 영은 우리를 하나님과 아주 친밀하게 만들어 놓기 때문에, 우리는 우리에게 닥친 재앙들을 탄식하며 우리가 겪고 있는 것들에서 우리를 건져 주시라고 탄원하며 열렬히 간구하거나, 우리에게 베풀어 주신 은혜를 감사하며 하나님을 찬양하고 경배함으로써, 우리가 겪은 일들을 단 하나라도 하나님 앞에 아뢰지 않고 그냥 넘어갈 수가 없게 됩니다.

당신은 그런 식으로 당신의 일상생활에서 일어난 모든 일들이 아직 당신의 마음속에 생생히 있고 당신에게 실제적으로 영향을 미치고 있는 동안에 하나님께 아룀으로써 그 모든 일에서 놓여나는 기쁨을 경험하게 됩니다. 왜냐하면, 그렇게 함으로써 당신은 당신의 염려들과 책임들을 내려놓고서 그 모든 것을 하나님의 손에 맡길 수 있기 때문입니다.

당신은 당신이 하는 일들 중에서 기도가 가장 중요한 일이고, 당신이 혼자서든 여럿이서든 일할 때에나 쉴 때에나 거리를 걸을 때에나 어디에서든 기도할 기회를 얻을 때마다 기도하는 것이 당신의 시간을 가장 유익하게 사용하는 것임을 점점 더 깨닫기 시작할 것입니다.

기도하는 것보다 우리의 시간을 더 잘 사용할 수 있는 방법은 없습니다.

그러므로 틈만 나면 기도하십시오! 당신이나 당신의 사랑하는 사람들에게 필요한 것이 있을 때마다, 또는 당신이 매일 만나는 사람들을 위해 저 높은 하늘에서 다스리시는 분께 기도로 도움을 청하십시오. 지체하지 말고 즉시 도움을 청하십시오. 그리고 그 모든 기도에는 "오직 이 일이 주님의 이름을 영화롭게 하는 일이라면, 이 일을 허락해 주십시오"라는 말을 덧붙이십시오.

기도라는 무선 전신기로 도움을 청하십시오. 당신의 기도들은 하늘로 전송되어 하나님 앞에 상달되고, 하나님이 정하신 때에 그 답신이 당신에게 올 것입니다. 당신의 기도에 대한 응답의 때를 전적으로 하나님께 맡겨 드려서 하나님이 정하시게 하면 할수록, 당신은 당신의 기도생활에서 더 큰 자유를 누리게 될 것입니다.

당신은 이제 깜짝 놀랄 일들을 보게 될 것입니다!

당신이 그런 삶을 더 오래 살아갈수록, 당신은 더 많은 기도 응답을 경험하게 될 것입니다. 겨울 날에 흰 눈이 조용히 내려서 수북이 쌓이듯이, 당신의 기도에 대한 응답들은 당신이 걸어가는 모든 길에 소리 없이 내리고, 당신이 죽는 그 순간까지 그럴 것입니다. 당신의 삶에 대한 이야기는 당신이 드린 기도들과 하나님의 기도 응답들에 대한 이야기가 될 것입니다.

성경은 "내 평생에 선하심과 인자하심이 반드시 나를 따르리니"(시 23:6)라고 말합니다. 당신의 기도에 대한 응답들이 당신을 따를 것이고, 그 기도들은 단 하나도 땅에 떨어지지 않을 것입니다. 그 응답들은 당신이 예수의 이름으로 기도하기 시작한 바로 그 순간부터 당신의 것이지만, 모든 응답들이 다 신속하게 당신에게 주어지는 것은 아닙니다. 당신은 당신이 기도한 것들에 대해서 응답을 받기 위해 애쓸 필요가 없습니다. 그것은 당신이 다른 사람들이 이미 당신에게 부친 서신들을 받아 보기 위해서 애쓸 필요가 없는 것과 같습니다. 그 서신들은 우리의 효율적인 우편 제도에 의해 당신의 집 문 앞까지 직접 배달될 것이기 때문입니다.

당신의 기도에 대한 응답의 단비는 당신이 죽는 순간까지 계속될 것입니다.

또한, 그 응답의 단비는 당신이 죽은 후에도 중단되지 않을 것입니다. 당신이 그 단비 아래에서 나와서 천국으로 들어가면, 당신의 사랑하는 사람들이 그 단비 속으로 걸어들어가게 될 것입니다. 당신이 그들을 위해, 그리고 그들이 장차 잘되게 하기 위해 그동안 눈물로 기도해 온 것들은 당신의 기도에 대한 응답으로서 촉촉한 단비가 되어 그들 위에 내리게 될 것입니다.

우리 가문은 삼대에 걸쳐서 믿는 가문이었고 기도하는 가문이었습니다. 어른들은 후손들을 위해 신실하게 기도했습니다. 일생 동안 나는 내 부모님과 선조들의 기도와 그분들의 기도에 대한 하나님의 응답 속에서 살아 왔습니다. 기도 응답의 촉촉한 단비가 늘 내 위에 내렸습니다. 솔직히 말해서, 나는 다른 사람들이 수고하며 뿌린 것들을 거두며 살아 온 것입니다.

친구여, 당신이 자녀들에게 재산이나 값나가는 물건들을 유산으로 남겨 줄 수 없다고 하더라도 걱정하지 마십시오. 그리고 자녀들에게 물려줄 많은 재산을 모으기 위해서 육신적으로나 영적으로 죽도록 고생하지 마시고, 오직 밤낮으로 자녀들을 위해 기도하는 일에 힘쓰십시오. 그러면 당신은 기도 응답이라는 위대한 유산을 자녀들에게 물려주게 될 것이고, 그 유산들은 그들이 사는 모든 날 동안에 그들을 따르게 될 것입니다. 따라서 당신은 물질적으로 많은 부를 그들에게 물려줄 수 없다고 할지라도, 선한 양심으로 마음 편히 그들 곁을 떠날 수 있을 것입니다.

이렇게 어린아이 같은 기도를 늘 변함없이 드림으로써 자신의 장래의 삶전체를 준비하는 사람은 살아서만이 아니라 죽을 때에도 기도 응답을 경험하게 될 것입니다.

당신이 이 세상을 떠날 시간을 기도 제목으로 삼으십시오. 그 시간을 놓고 자주 기도하십시오. 저 연로한 백작 부인이 기도했던 것처럼 기도하십시오:

"내 하나님이여, 그리스도를 봐서라도
내가 떠날 시간을 평안하게 해 주십시오."

내 아버지는 자기가 알고 있던 한 그리스도인 부인에 대해 내게 종종 얘기해 주시곤 했습니다.

그녀는 결혼도 하지 않았고 가까운 친척도 없었습니다. 나이가 들어가기 시작하자, 그녀는 어느 날 자신의 이웃들 중에서 한 부유한 그리스도인 농장 주인을 찾아가서, "내게 1,200달러가 있는데, 이것을 받으시고 나를 당신의 집으로 받아들여서 내가 죽을 때까지 돌봐주시겠습니까"라고 말했습니다.

그 농장 주인은 "당신은 오랜 시간 병들어 있을 것이고, 그런 당신을 돌보는 것은 우리에게 어려운 일이고 비용도 많이 들어가는 일이기 때문에, 그렇게는 안 되겠습니다"라고 말했습니다.

그녀는 "나는 병들지 않을 것입니다"라고 말했고, 그 농장 주인은 "그것은 당신이나 나나 모르는 일이지요"라고 응수했습니다.

그녀는 농장 주인의 눈을 빤히 쳐다보고서는 이렇게 대답했습니다: "아니요, 나는 압니다. 내가 병들지 않게 해 달라고 그동안 하나님께 기도해 왔거든요."

하지만 그 농장 주인은 그녀의 말을 믿어 주지 않았고, 그녀는 다른 곳으로 가봐야 했습니다. 그래서 그녀는 이웃에 사는 다른 농장 주인에게 가서 동일한 제안을 했고, 그는 그녀를 자기 집으로 받아들였습니다.

그 후로 그녀는 오랜 세월 동안 육신적으로 아주 건강하게 살았고, 뜨거운 영적인 삶을 영위하였습니다. 그것은 그 집 전체에 복이었습니다. 그녀는 다른 어느 여자들보다도 매일 자신에게 맡겨진 일을 성실하게 행하였고, 물레를 돌려서 직물을 짜는 일도 아주 열심으로 했습니다.

어느 날 아침 그녀는 여느 때와는 달리 아침 식사를 하러 오지 않았습니다. 사람들이 즉시 그녀를 찾으러 갔고, 그녀가 침상에서 평안한 얼굴을 하고 죽어 있는 것을 발견했습니다. 주님은 그녀가 잠자는 동안에 아무런 고통 없이 그녀를 데리고 가신 것이었습니다. 하나님은 그녀의 기도에 응답해 주셨습니다.

그녀는 나이가 들어서도 전혀 병들지 않고 지낼 수 있었습니다. 어제 저녁까지만 해도 그녀는 평소처럼 아주 건강하고 행복하게 지냈었습니다.

왜 그녀는 자기가 병들지 않게 해 달라고 기도했을까요?

고통을 피하기 위해서였습니까? 아닙니다. 자기를 집으로 받아들여서 돌보아 준 선한 사람들이 자신의 병 수발을 드느라 고통을 당하는 일이 없게 하기 위한 것이었습니다.

이 작은 사건은 내게 큰 위로와 도움이 되었습니다.

그 일은 내게 나의 죽음에 대해 기도하도록 가르쳐 주었습니다. 내가 그리스도의 피로 말미암아 구원받고 죽을 수 있을 뿐만 아니라 나의 죽음으로 하나님을 영화롭게 할 수 있게 해 달라고 기도했고, 내 뒤에 남겨질 나의 사랑하는 사람들이 내가 죄인이었지만 은혜로 말미암아 구원받은 성도로 죽었다는 온전한 확신을 가지고서 나를 보낼 수 있게 해 달라고 기도했습니다.

익명의 시인이 노래로 기도했고 수많은 익명의 그리스도인들이 그와 함께 노래하고 기도했던 것을 우리도 소리 높여 노래하고 기도합시다:

"나는 티끌에 지나지 않지만,
하나님 앞에 서서 기도하오니,
쾌락의 길을 구하는 것도 아니고,
금을 구하는 것도 아닙니다.
내가 하나님에게서 구하는 것은

그런 것들보다 훨씬 더 큰 것,

곧 하나님이 내게 주시고자 하시는 것,

나로 하여금 영원한 삶을 살게 해 주실

영생입니다."

그리고 이제 끝으로, 당신이 기도하기가 어렵거든, "주여 내게 기도하는 것을 가르쳐 주십시오"라고 소박하게 기도를 드리십시오. 당신에게 기도하는 것을 가르쳐 주고자 하시는 것은 기도의 영이 가장 하고 싶어 하는 일들 중의 하나입니다.

"지금 내 마음은

기도와 찬송으로 차고 넘칩니다.

하늘에 계신 나의 아버지는 아십니다,

내가 탄식할 때마다

그의 지극히 자애로우신 마음에

내 마음이 점점 더 가까이 다가가고 있다는 것을.

내 기쁨과 평안이 거기에 있고,

나는 당신 안에서 참된 해방을 발견했습니다,

내 영혼을 지키시는 이여."

● 독자 여러분들께 알립니다!
'CH북스'는 기존 '크리스천다이제스트'의 영문명 앞 2글자와
도서를 의미하는 '북스'를 결합한 출판사의 새로운 이름입니다.

세계기독교고전 55

할레스비의 기도

1판 1쇄 발행 2017년 9월 15일
1판 4쇄 발행 2024년 9월 1일

지은이 오 할레스비
옮긴이 박문재
발행인 박명곤   **CEO** 박지성   **CFO** 김영은
기획편집1팀 채대광, 김준원, 이승미, 김윤아, 이상지
기획편집2팀 박일귀, 이은빈, 강민형, 이지은, 박고은
디자인팀 구경표, 유채민, 임지선
마케팅팀 임우열, 김은지, 전상미, 이호, 최고은

펴낸곳 CH북스
출판등록 제406-1999-000038호
전화 070-4917-2074 **팩스** 0303-3444-2136
주소 서울시 강서구 마곡중앙6로 40, 장흥빌딩 10층
홈페이지 www.hdjisung.com **이메일** support@hdjisung.com
제작처 영신사

ⓒ CH북스 2017

"크리스천의 영적 성장을 돕는 고전"
세계기독교고전 목록